大丈夫、死ぬには及ばない

今、大学生に何が起きているのか

稲垣 諭

学芸みらい社
GAKUGEI MIRAISHA

大丈夫、死ぬには及ばない　目次

第4章　ひとは「嘔吐」する　87

第5章　「倒錯」を友とするもの　113

序章

大学生の数奇な日常

人生は使い方を知れば長い。

セネカ

ある学生の告白

日曜の朝、柔らかな陽ざしがベッドに降り注ぎ、白いカーテンがゆらゆらと風に揺れている。それはごくごく平穏な休日の始まり。ただ一点を除いて。

眠気まなこをこすりながら重いからだを起こすと、私は動けなくなった。洗い立ての真っ白なベッドのシーツが一面真っ赤に彩られている。どす黒さに変色したその赤は、私の血である。からだに目をやると、手首を中心に、まだら模様に飛び火しながら血がべったりとこびりついている。パジャマにも下着にも血は染み込んでいた。

最初、何が起きたのかまったく分からなかった。自分の手を凝視しながら、しばし呆然としていると、ふと枕の傍にカミソリが落ちているのに気づく。「そうか、またやっちゃったんだ」。ようやく事態が呑み込めてくる。でも今回は記憶がない。昨日、酔っぱらっていたからかもしれない。ベッドの下に血は落ちていないから、そのまま眠ったんだ。洗濯しなきゃ、でも血ってどうやって洗えばいいんだろう。そんなことばかりが頭に浮かび、しばらく動くことができなかった。これが最近、私に起きた事故である。

このエピソードは、一人の女子学生が、本書の基本テーマである「経験の事故」（終章参照）という内容の講義のリアクションペーパー（以下、リアペ）に書いてきたものだ。

大学の講義を通して、僕は年間一〇〇〇人ほどの学生と出会う。そして彼らのほとんどは名前も顔も覚えることなく、去っていく。しかし彼らは確かにそこに居たのであり、その痕跡が、講義後のリアペとして残されていく。

ほとんどのリアペは、僕がとくに尋ねたいことがないかぎり、決まったテーマを与えてはいない。むしろテーマを与えると、彼ら持ち前の知能を生かし、小ぎれいにまとめにかかるため内容が貧相になることが多い。

そこでとにかく九〇分の講義のなかで、自分の経験にマッチしたこと、あるいはまったく理解できなかったこと、または講義内容とは似ても似つかないほど連想が膨らんでしまったことなど、何でもいいから書かせることにしている。

それらのコメントのなかには、冗談や面白半分では決して書けないような数奇な事例がごくまれに含まれている。そうした事例を次の講義でフィードバックすると、それに触発されてより突飛なコメントをする学生が現れる。

さらに、現在、ストレス状況にいる別の学生が、紹介されたコメントを手がかりに、次の一歩を踏み出せるようにもなる。その場合、僕が意図しようがしまいが、**一連の講義の継続が、不思議な治癒装置として働き始める**ことがある。

これまで多くの学生が、テストの解答の裏面などに、「講義を受けてなぜか救われました」とか、「自分の心の傾向が分かり、それに対処できるようになりました」といった感想を書いてきた。テスト終了後に見知らぬ学生が現れて、すっとお辞儀をして礼を述べて去っていくこともある。

そういう時、僕はとても奇妙な気持ちになる。礼を言われるようなことをしてはおらず、むしろ彼らから学ばせてもらっているのはこちらだという思いのほうが強いからである。

大学生とはいえ、学生の行動は多種多様である。大半は規律化された学生としてふるまっているが、時折こうしたイレギュラーな学生との出会いが起こる。

ある時は、講義が終わると一人の学生がやってきて、「はいっ!!」と、カラフルに彩色されたゆで玉子を僕に手渡し、走り去っていった。そのドギツイ色の玉子は、夏場ということもあって腐るのですぐに捨てたが、それ以来、その学生には会っていない。

教室ではいつも前列に座り、机に伏せてずっと寝ている別のある学生が、講義の途中で突然がばっと起き上がり、断末魔のような叫びをあげ、また伏せて寝てしまった。話しかけても返事もない。おいていかれたのは、僕とその他の学生である。

また別のある学生は、テスト中にカバンからバターロールの袋を取り出し、むしゃむしゃと食べ始めた。「何をしてるの?」と聞くと、「お腹が空いて頭が働かないのでパンを食べています」と言う。確かに試験の規定にパンを食べてはいけないとは書いてはいない。が、その学生はその学期の単位すべてを失うことになる。

彼らの大半は、苦しむことはあっても、病気ではない。確かに精神科や心療内科で診断を受け、薬をもらい、慢性化している学生も少なからずいる。しかしだからといって入院が必要なわけでも、手術が必要なわけでもない。夥しいほどの多様性を持ち、正常とも異常とも言えないグレーゾーンを行き来しながら、彼ら、彼女らは自分の日常を生きている。

「私のこと、分かりますか？」

そうした多数の学生のなかから、時に一対一で、あるいは少人数で語り合うことのできる一群が現れることがあり、個人的にメールでの相談も受けるようになる。

冒頭で紹介した血のシーツのエピソードは、そうした学生の一人である。

僕は翌週の講義の冒頭で、この内容を読み上げた。前回の講義のリアペのなかから興味深いものを読み上げるのは、僕の講義の恒例でもある。一〇〇人ほどいる学生が少しどよめいた後に、こうした事故がしばしば起きる人がいるが、彼ら、彼女らはこれまでどのような経験を重ねてきたのか、そして今後、どのような経験をすることが、その人の心の支えとなり、その人の変化につながるのかについて、若干、感想めいたことを述べた。このエピソードを書いた学生からの反応はとくになかった。

その学生が僕の前に現れたのは、一連の講義の最後に行う筆記テストの終了後だった。解答用紙を集め、集計も無事に終わったので、学生たちは席を立ち、帰り始めた。

僕も、これで夏の講義が終わりだと一息ついているところに、一人の女子学生がやってきた。

「先生、講義ありがとうございました。私のこと、分かりますか？」

「いや、ごめん。ちょっと分からない」

僕が答えると、彼女は少し顔を赤らめて、

「あの血だらけのシーツ事件、覚えてますか。あれ私なんです」

と言う。

「おお、あのリストカットの」

僕もそれですぐに合点がいく。

「あれは、ありがとう。とても印象的なエピソードだった。他の学生も驚いたと思う、こういう現実があるんだって。ああいう記述をするのはとても大変なことだし、その感じが伝わらない人もたくさんいるから」

「いえいえ、お役に立てたのなら」

彼女は少し頰を赤らめる。女子学生は、長い髪の毛の毛先から半分を真っピンクに染め、両耳には大量のピアスをつけている。Tシャツの柄やアクセサリーから判断すると、パンクかロックをこよなく愛しているタイプである。

「最近は、どうしてるの？」

と、それとなく聞いてみる。

「今は夏なので手首にはしていません。見えちゃうから」

「じゃあどうしてるの」

重ねて尋ねると、

「今は肩に入れています」

と言ってTシャツの袖をめくり、傷痕を見せてくれた。肩を横走する幾重もの線が少し膨らみ、白いみみず腫れのようになっている。

「やっぱり、やっちゃうのか」

「やめたいけど、どうすればいいのか分からない。どうしても切りたくなる」

と彼女は答える。付き合っている人はいるのかと尋ねると、今はいないという。しかもこれまでの彼氏にも、そのことを打ち明けたことはないらしい。

そこで僕は、

「じゃあ今度、付き合いたい男を見つける時には、自分の肩を切らせてくれる人を探すように」

と助言する。

「えっ?!」

驚き、目を丸くする彼女。何を言われているのか分からないようだ。

「これは結構、難しいんだよ。リストカットを相手に伝えるのもそれなりのハードルだし、どういう男が切らせてくれそうかを見抜くのも一つのハードルだし、『自分はもう切りたくないから、ちょっと切らせてくれない?』と言って交渉するのも高いハードルだから」

「むずかしいかも……」でも、こういうのって分かる人にはすぐ分かる気もする。探してみます」

彼女は笑って答える。

「少しずつでいいから、無理のない範囲でできることをやってみて。大変な時はいつでも連絡するように」

と伝えて、その場は別れた。

手首を切る、肩口を切る、そしてタバコの火を……

次の学期になると、その学生は僕の別の講義を履修していた。髪はバッサリと切られ、ピンクから緑色に変わっている。

「どう、見つかった？」

「えー、だめですよ、見つかりません」

照れながら答える彼女。その後も、学生は講義前や講義後にちょくちょく近況報告をしてくれるようになった。彼女は皮膚を切るという刺激では物足りなくなり、タバコの火を腕の皮膚に押し付けるようになっていた。

「熱の痛みがいいんです」

屈託なく話す彼女。僕は言う。

「ただね、タバコの傷痕は一生残るし、後で消そうとすると、一か所消すのに三万円くらいかかるから。三万払いながら傷と痛みを作るんだということを覚えておいて。さあ、これから三万円捨てるぞって」

これは別の専門学校にいた、多数の根性焼きの痕をアルバイトで貯めたお金で一個一個、消している学生から聞いた情報だった。

「分かりました。三万円かぁ、高いですね。三万円、三万円……」

そうつぶやきながら、彼女は席に戻っていく。

耳のピアスは相変わらずじゃらじゃらとついていたが、片耳だけになっている。どうやらピアスは、取り外して放っておくと、半年もすれば穴が埋まってしまうらしい。そのようにして耳を再生させながら、またピアッシングを繰り返すようである。

リストカット、アームカット、根性焼き、ピアッシングというように、彼女は手を変え品を変え、自傷を行っている。しかも夏は肩かピアス、秋から冬にタバコと手首、皮膚の再生に応じて右耳から左耳へのピアッシング交替というように、一定の周期性があることも読み取れる。

そのことを彼女に伝えると、視線を天井に向け、少し思案した後、

「そうかもしれない!?　考えてみたこともありませんでした」

と、仰天顔である。

「一度、その周期性について、これまでの人生を振り返ってレポートにまとめてみてくれないかな。特殊レポートというかたちでちゃんと評点するから。ただ無理はしなくていいし、大変だったら出さなくていい」

と、頼んでみる。

「分かりました、余裕を見つけて書いてみます」

そう言って彼女は、しかしそれ以来しばらく講義に現れなくなってしまった。

光が怖い

次にその学生が現れたのは、講義スケジュールの半分を終えたころの講義だった。どうやら大変な時期にぶつかっていたらしい。

「今日は元気いっぱいだけど、ここしばらくは全然動けませんでした」

確かに以前よりもやつれている。躁状態と鬱状態を繰り返す、強い感情の動きに翻弄されていたよ

うだ。心療内科に通院し、薬も服用しており、その副作用もあったのだろう。

学生は躁状態の時には楽しくてたまらなくなり、落ち着くことができず、とにかく街をふらついてしまうという。そのためお金の浪費も激しくなる。一度やってきた時には、「お金があるといくらでも使っちゃう。生活費の大半が遊びやいろいろなものに消えていくから、いくらあっても足りない」と、けたけたと笑っていた。

自傷行為はこの時には落ち着いていたようだが、レポートは書けそうもない。とにかく落ち着くことができないからだ。その後また彼女は講義に来なくなり、結局テストも受けず単位の取得にもならなかった。

年度が変わり新学期が始まると、彼女は僕の講義を再び履修していた。ただ初回からは顔を見せず、また中盤ごろにふらっとやってきた。その時の彼女は髪を真っ黒に染め、全身黒い服を身にまとっていた。

「ひさしぶりだ。何か変わったね、黒い」

僕がそう言うと、

「そうなんです、今、カーテンも布団も、家具も全部真っ黒にしているんです」

と彼女。

「どうして？」

「光が怖いんです。だから外に出れなかったんです」

という理由が返ってくる。

「今日はよく出てこれたね」

と僕が言うと、

「ええ、曇ってますから」

と真剣に答える。浪費癖は治まり、リストカットはたまにしてしまうが、今は部屋にこもりがちになっているという。

「ドイツで暮らしていると、冬はほとんど太陽が出ない。だから自殺者や鬱病も増える。その陰惨な感じは何もかもを塞ぎ込ませる。ずうっと暗いから。ただ、本当にごくたまにだけ、分厚く薄暗い雲のすきまからパッと閃光のように太陽の光が射し込んでくる。それはとても不思議な光景で、単にきれいというより、少し怖い感じ。光と闇は宗教にとっての古くからあるテーマだし、闇に怯える人がいるように光に怯える人もいる。光の眼を盗んで行動するというのはとても難しいことだ」

僕がそんなことを話していると、

「そうなんです。私の好きなアーティストも似たようなことを言っていました。私、急に怖くなったんです、光に見張られているようで。あれはどこにでも入り込んでくるんです」

と言ってため息をつく。彼女はそれからまた講義に来なくなってしまった。好天が続いていたからなのかもしれない。

魂のしぶとさ

こうした学生がよく現れるのは、僕の講義が哲学の講義だからなのかもしれない。あるいは僕の個人的な資質の問題かもしれないが、毎年毎年そうした学生が現れる。そしてそんな彼ら、彼女らから学ぶことは多い。彼らが持っている「こんな仕方でも生きていけるのか」という〝魂のしぶとさ〟のようなものに、ある時から惹かれるようになった。

芥川龍之介の作品のなかに『一塊の土』という短編小説がある。あらすじは以下のようなものだ。お住という老いた母の息子が闘病の果てに亡くなる。残されたお住は、息子の嫁であるお民とその子どもとの生活を余儀なくされてしまう。葬儀関係のごたごたが落ち着いた後に、お住はお民に今後の行く末についての伺いを立てる。お住としてはいずれお民が婿を新しくもらい、自分と子どもの面倒を彼女に家で見てもらいたいのだ。

しかしお民は、婿をもらうことに一向に関心を示さない。ただ朝早くから家を出て黙々と野良仕事をつづけ、夜遅く戻ってきては寝るだけである。お民は自分のできることを淡々と実行し、桑畑を拡大し、養蚕にも手をつける。

それを傍目にお住の不満は募るばかりである。「男手もなく、食事や家の掃除、泣きつく子どもの世話までこなさねばならない。それなのにどうしてお前は、私の行く末を案じてくれないのか」と。

そんな時、お民は笑って言うのだ。

「お前さん、働くのが嫌になったら、死ぬより外はねえよ」

そう言い放ち、お民はきまっていびきをかいて寝てしまうのである。その後しばらくしてお民は腸チフスにかかり、あっけなく死んでしまう。残されたお住と子どもにお民が残していったのは、貯金三千円と一町三段ばかりの畑という、今後の生活不安を払拭するほどの財産であった。お住はもう働く必要も小言を言う必要もなくなったが、お民の死の現実に気づき、なぜか安堵するとともに涙が止まらなくなる――。

読者は、お住とお民のどちらに感情移入できるだろうか？　どちらに共感するかによって、はっきりと生き方に違いが出る。大半の人は、お住とお民の両者の間のどこかに位置しながら、その時々の自分が安定する場所を懸命に見つけて生きているはずだ。

お住のお民に対する不満は身に染みてよく分かる。老体に鞭打って子どもの面倒を見ながら家の仕事をつづける辛さや、女が外に出て働くことへの違和感、老後の行く末の不安、それら数々の思いがお住の行動や発言を決定づけている。それは間違いなく、人生を真摯に生きる悲劇のキャラクターである。

それに対してお民は、お住から「稼ぎ病」と罵られてはいるが、稼ぐことに興味があるのではない。亡くなった夫への貞節を貫いているわけでもない。自分がその日その日にできることを継続しながら、ずんずん前に進んでいくだけである。

ある時、お民の子どもは学校で、「お前のかあさんは偉い人なのかい」と、働き者のお民が周囲で評判になっていることを耳にする。孫からそのことを尋ねられたお住は、自分を不幸にしているお民が偉い人間のわけはないと全否定する。

しかしここでもお住の不満は、どこかお民の現実とすれ違ってしまう。お民はお金がほしいのでも、偉くなりたいのでもなく、ましてやお住を苦しめようともしていないからだ。

お住は徹頭徹尾、生きることの辛さに打ちひしがれている。というより、**打ちひしがれて生きるこ**

とこそが、彼女が自分で選択した生の結果である。

それに対して、お民は何か先を見据えているのでも、深刻な現実を嘆くのでもなく、「働くのが嫌なら、死ぬしかないなあ」と言い放ち、笑いながら芋を食べて寝るのである。どんな悩みや辛さであれ、「なあに、死んじまうほどのことではない」という感触が、お民の生からにじみ出てくる。

「虫けらのように死ぬ」という表現がある。多くの場合、尊厳を損なわれたものに対する無念を表そうとしている。とはいえ当の昆虫からしたらいい迷惑であるし、そもそも虫のように死ぬことが悪い選択なのかは、誰も確言できない。むしろお民の生を見ていると、虫けら死のススメはそれほど悪い選択ではない気もしてくる。

巨大なアリの巣やハチの巣を創りつづける昆虫たちは、お民の生に近いに違いない。今日もいい日和だと日がな一日言いつづけ、本人も気づかないまま大仕事を成して笑って死んでいく。こうした死との関わり方には、僕たち人間がいまだ学び切れていないヒントが隠されているように思えるのだ。

ただしそうはいっても、お民の生にはどこか理解しがたい暴力的なものがあるのも事実だ。救いがないようにも思える。そもそもお民は、他人の理解も、救いも、名誉も求めていなかった。現代においてそのように生きるのはとかく難しい。

そうした意味でお民の生き方は、逆説的ではあるが強者の論理とも言える。虫けらの強さと言ってもよく、貧しさと豊かさが同水準で合致するような強さである。

最後に大切になるのは、心でもからだでもない。魂のしぶとさだ。

苦しみや悲しみ、怒りに打ちひしがれることがその後の人生の豊かさにつながるかぎり、そうしたことは必要なことである。しかし過分な苦しみや辛さが生きることそのものの制約になってしまえば、生き方そのものに工夫を入れていくよりない。

魂のしぶとさは、どうすれば獲得できるのだろうか？

「死ぬには及ばない」——アーティスト、荒川修作の実践

少し奇妙な言い方をしてみる。

大丈夫、私は死ぬには及ばない、と。

ひとはこのセリフをどんな時に発せるだろうか？　自分の身に何が起きた時、このセリフをさらっと口に出せるのだろうか？

このセリフには「死にたくない」や「死んではいけない」、「死ぬつもりはない」のいずれとも異なるニュアンスが込められている。「死にたくない」には「願い」が、「死んではいけない」には「禁忌《きんき》」が、「死ぬつもりはない」には「決意」が、心の動きとして含まれており、それぞれが想いの強さとなって、その後の行為の真摯さを決定づけていく。

それに対して「死ぬには及ばない」には、そこにあるべき切迫した感じが不思議と欠落している。あるいは、その深刻さを欠落させることで初めて口に出せる。どこかにふらっと散歩に行くように、「なあに大丈夫、私は死ぬには及ばないよ」と口に出すのだ。

このセリフは稀代の芸術家であり、建築家でもあった荒川修作と、パートナーで詩人のマドリン・ギンズの共著『Making Dying Illegal』を翻訳していたさいに出会ったものだ。

一九八〇年代に荒川は、ギンズとともに「死なないために」、あるいは「私は死なないことに決めた」という制作ストラテジーを打ち出した。それが「天命反転（reversible destiny）」プロジェクト、すなわち**死という運命は反転できる**というのである。荒川にとって死んでしまった人間は例外なく敗北者であり、自殺を試みるものは死刑に値する重罪人である。(1)

荒川の活動を世界中で見守っていた人々は、この突然の発表に唖然とし、荒川はついにトンデモのさらに一歩先に進んでしまったと落胆にも近い感慨を持ったらしい。「不死」という問題は哲学や宗教の議論として扱われてはいたが、どう考えても机上論理にすぎず、それを芸術制作として実行するという発想は、現代の僕たちにとってもありえない選択のように思えるからだ。(2)

とはいえ、その後の荒川の建築作品を見て、実際にそれらを体験してみると、そこにはとても奇妙で柔らかな死との関わりがあることが分かる。

たとえば日本にある作品群としての三鷹の「天命反転住宅」（二〇〇五年）、岐阜の養老町にある「天命反転地」（一九九五年）、岡山の現代美術館にある「奈義の龍安寺」（一九九四年）、あるいはアメリカ、ニューハンプトンにある「バイオスクリーブハウス」（二〇〇八年）、これらの概観をパッと見ただけでは、そこには「死」にまつわる深刻さや切迫さを感じ取ることができない。確かに異様さや迫力はある。しかしどこか死とは絶望的にかけ離れている。

荒川は全力で世界と関わりながら、同時に余白《ブランク》を生み出す名人であった。全力で死なないと言いながら、その全力のなかに深刻さや緊張が入り込まないようにして、死との関わりにすきまを作るのである。死の生真面目さのポイントを骨抜きにしながら、なおかつ不可能な経験へと踏み込みつづけたのである。

脱力の哲学

僕たちの身体には、いつでも力が漲《みなぎ》っている。どんなに辛い状況下でも身体は完全には脱力しない。涙も唾液も体液も、緊張のおかげでだだ漏れすることがない。生命と緊張は切っても切り離せない。

それゆえ脱力は、一見、死へと向かう試みにもなる。だからなのか、それを意識的に行なおうとすると、力を込める以上に難題であることが分かる。ためしに体全体の力を抜いてみてほしい。だらんと四肢を垂らすぐらいで、すぐにそれ以上、どうすることもできない壁にぶつかる。

死ぬことのない新しい生命として生きるという荒川の課題は、知らずに込められている僕たちの緊張の仕方を見定め、脱力のモードを新たに発見することとして定式化できる。それは「**全力で脱力する**」という、**力の用い方そのものの刷新である**。

脱力の哲学は、歴史上、うまく組み立てられたことがない。確かにベルクソンは、弛緩と凝集の運動から世界を記述しようとしていた(3)。その点で先行者の一人である。しかしどのようにすれば世界を弛緩させ、収縮させることになるのか、その手続きがうまく取り出せたとは思えない。

そもそも脱力は、瞑想や座禅、武芸、ダンスといった芸事に関わる実践課題である。それに対して哲学は理論的思索であり、その試みそのものに固有なテンションを必要とする。

とはいえスピノザにはスピノザの、カントにはカントの思索にまといつく固有なテンションがあるのは確かである。それぞれを脱力させてみるとどのような哲学体系になるのか。同じ体系が維持されるとは思えない。その意味でも脱力の哲学はこれからも実践可能なプロジェクトの一つである。

死という問題は、どのような場合であれ真摯さがつきまとう。たとえ冗談で話題にする時でさえ、そこには笑えない真摯さが隠されている。だからこそ、そのギャップの落差が絶妙な笑いを誘う。あるいは失敗すると、本当に笑えない冗談になる。

肉親が亡くなったり、友人が自殺したり、自分が余命少ない病気に陥った時、人は死の真摯さに絡め取られていく。そしてそれじたいは悪いことではない。むしろこの真摯さを真摯すぎるほどまじめに、しかも静かに引き受けることで、逆説的ではあるが、ひとは死という経験そのもののかたちを変え、死との付き合い方を身体になじませていく。喪の作業とは元来そのようなものだ。

一方、本書で僕は、大学および専門学校での講義で出会った学生の経験を手がかりに、彼らが現代社会をどのようにして生き抜いているのかを、そして死ぬには及ばないと言えるほどの優れた策略をめぐらしながら生きている現実を、提示したいと考えている。それは本来であれば深刻で、真摯に受け取られるべき経験（死、病気、障害、社会ストレス）の多くに、不必要な力を込めることなく、別様な仕方で関わるためのさまざまな手がかりを見出すことである。

哲学の課題としてそれは、「人間の可能性を最大限に引き出し、死に対抗する試み」「死ぬには及ばないほどの経験の寛容さの獲得」であり、どんなに苦しく辛い現実があっても、「大丈夫、死ぬには及ばない」と声をかけられるほどの信頼と安心の空間を形成すること、そして苦しんでいる他者のなかに、そこから一歩でも前へと足を踏み出すための手がかりを作り出すことである。

作者不明の古典『伊勢物語』の最後の段に在原業平が読む辞世の句がある。(4) 本居宣長も、彼の思想を追跡した小林秀雄も、この句に魅せられている。

　つひに行く　道とはかねて　聞きしかど　昨日今日とは思はざりしを

　これから死にゆく人間が読む辞世の句としてはあまりにも率直、愚直で素朴である。愛しい女性を想うのでも人生を後悔するでもない。諦念というのも強すぎる。ただ「ああ、これなのか」というあっけらかんとした感慨である。笑い声すら聞こえてきそうだ。

　このような境地にひとはどのようにして達するのだろうか――。

　今はまだ見当もつかない。何を準備しておけばよいのかも分からない。目的地もなければ、どこかにたどり着く保証もない。にもかかわらず、ひとは一歩一歩、日常を踏みしめながら歩いていく。

　このままでは自分が自分ではいられなくなり、壊れてしまうほどの極限状態にあっても、ひとはそうした経験をズラし、距離を取りながら、時にアイロニカルに、時にコミカルに、もう一度自分らしさを獲得していけると僕は信じている。

＊

　学生の告白やレポートの内容は個人情報の保護に配慮してところどころ改変を加えている。

　第一～八章では、講義の各テーマに応じて学生が語る痛みや自傷、嘔吐といったさまざまな経験を紹介する。そしてそれらを哲学的な問いとして引き受けながら、彼らがこの先、苦しみを軽減させ、自分のなかに新しい選択肢を発見し、次に進んで行くために何が必要なのかを考察する。

終章では、学生の身に起こる自分ではどうにもならない経験に翻弄されるさまを、「経験の事故」という現象としてやや理論的に分析する。本書全体を貫いているのがこの主題である。

これらの試みを通して、苦しみのさなかにいる人間の生きる力の底上げ、魂のしぶとさの獲得につながればと本気で思っている。

第1章

幸福な「痛み」

大きなアパートの建物ほどもある石を想像してみてください。
それが宙に吊るしてあって、あなたはその下にいる。
もしそれがあなたの頭の上に落ちてきたら、痛いですかね？
……………ドストエフスキー『悪霊』キリーロフとの対話

「痛みが好きな人はいるか」と講義で尋ねると、大半の学生は嫌いだ、いやだという。誰だって痛いことは避けたい。でも……とも思う。どんな痛みもそうなのかと言われると、全否定できない自分がいるのも確かだ。

「ああ、この学生は痛みが本当に好きなんだな」と思わずにはいられないことがたまにある。本人は絶対に認めないだろうが、痛みに翻弄されながらも、その痛みにしっかりと愛着を持ってしまうのである。

そういう学生を見ていると、傷つけること、傷つけられることが生きることと切り離せず、この痛みのなかにこそ人間の経験の豊かさと厄介さとが同居しているように思えてくる。

傷つけられ、痛みに翻弄されるなかでしか発見できない自分がいる。痛みとの付き合い方を新しく見つけることでしか、前に進んでいけない時がある。心も身体も酷使し、痛めつける時、痛んでいる自分への匿名的な愛着が生じ、そこに独特な心の安定化がもたらされるからだ。

本章で問題にするのはそうした学生の生き方に刻印された、柔らかい檻のような「痛み」の経験である。

痛みに支配される

ある学生が、「身体とその痛み」をテーマとする講義のリアペで次のような一文を寄せてくれた。

誰にも言ったことはありませんが、私の人生には痛みが溢れています。思い出せる記憶のほとんども痛みがらみです。もともと肌が弱く、すぐ炎症を起こしては掻き崩して血が出てしまいます。だから海やプール、温泉は痛いので大嫌いです。お腹も弱く、大切な場面ではいつも下痢をします。長時間乗る電車も飛行機もいつ腹痛に襲われるか怖くて好きではありません。試験前には稲妻のような片頭痛に悩まされます。

このように、私が生きることと痛みは切り離せないのですが、その分、痛みが身をひそめている時、多分、多くの人にとってはふつうのことなのでしょうが、その一時の幸福をいつも大切にするようにしています。

また、ただ悪いことばかりでもありません。痛みのおかげで彼氏ができました（笑）。彼はとても心配してくれるので、この痛みがなくなると彼がいなくなってしまうのではないかと本気で心配になることもあります。その時は本当に痛みに感謝！とも思います。最近は、この幸福な痛み（悩み？）と、肉体の痛みとが絡み合うとても不思議な日々を送っています。

このリアペを紹介すると、その後のリアペでは他の学生からの共感の声が幾つも寄せられた。腹痛や頭痛、生理痛、肌の炎症等による痛みに悩まされている学生はとにかく多い。「どうして自分だけこんな目にあうんだ」といった恨み節もしばしば聞こえてくる。

でも、と僕は思う。痛みを通して幸せの濃度が高まったり、他者の痛みに対する共感能力が向上することもあり、さらには痛みによって作られる人間関係もある。

この学生が典型的なように、痛んでしまうことを、別の感情や行為の選択肢につなげていくこともできるのだ。それは確かに何の慰めにもならない些細なことなのかもしれない。でも、**その積み重ね方のうまさ**が後の人生にとって決定的になることがあり、その点でこの学生のメンタリティには、しぶとさがある。そこから学べることもたくさんあるはずだと、そんな感想めいたことを述べた。

ひとはその根本において、何によって支配されているのだろう。分かりにくければ、自分の日常の行為を大きく制約しているものを考えてみてほしい。お金か、仕事か、愛か、趣味か、何なのだろう。

イギリスの道徳哲学者のＪ・ベンサムはそのどれもが違うと言う。彼は一八世紀末に、人間を支配する二つの要因について以下のように述べている。


自然は人間を二つの独立した支配者のもとで統治する。痛みと快楽だ。それらだけが、僕たちが行うべきことを指摘し、行うことを決定できる。……僕たちの行為、僕たちの発言、僕たちの思考はそれらに支配されている。この服従から逃れようと努力することはできるが、結局はその服従を証明し、確認して終わるだけである。(1)

日常を生きる上で、痛みと快楽がとても大きな比重を持っていることは疑いえない。できるかぎり痛みは避けて、快楽を求める、そのように僕たちの行為が誘導されることは多々ある。そのかぎりでベンサムの指摘は正しいように思える。

しかし本当のところはどうなのだろう。そもそも痛みと快楽にはどのような関係があるのか。苦行をする犬や猫を僕は見たことがないが、苦行をする人間ならたくさんいる。彼らには、痛みや苦を積極的に求めるところがある。

苦行ではないのに、さまざまな心やからだの痛みに直面し、苦しんでいる学生が多数いることも確かだ。自殺も、自傷も、嘔吐も、痛みの問題とは切り離せない。とはいえ、そうした痛みは彼らにとってどんな時でも忌み嫌われ、避けられるべきものなのだろうか。痛みに溢れた人生は確かに大変だが、そんなに単純に割り切れるものでもない。人間は痛みが好きでもあるからだ。

神経系を見てみると、植物や昆虫には痛みを感じる仕組みがない。たとえあったとしても僕たち哺乳類とはだいぶ異なっている。彼らには痛みを表出する進化的な工夫さえない。もしそれがあったら、彼らのからだを引きちぎったり踏み潰したりすることなどとてもできない。苦悶の表情を浮かべ、叫び声をあげる雑草の上を歩いてみることを想像してみてほしい。

およそ爬虫類以降になって、痛みの神経回路が明確な仕方で出現してくる。損傷した自分の身体に対して注意が払われるようになる。爬虫類以前の動物たちと以後の動物たちの間で、身体の損傷に対してかけるコスト戦略が劇的に変化する。

昆虫は足が取れたからといって、それをかばうようなことはしない。ただそのままの生を継続する。それに対して哺乳類になると、傷口を舐めたり、その部位を庇うようにして行為を新たに組織することができる。

痛みには**急性の痛み**と**慢性の痛み**がある。「急性の痛み」は生命にからだの損傷を気づかせ、記憶に残し、未来の損傷から自分を守るために現れた進化の賜物である。

一方、夥しいほど多彩な「慢性の痛み」も存在する。それは腰痛や肩こり、リウマチ痛のように終わることがなく、報われることのない痛みであり、痛みが発生するメカニズムそのものがバカになっているようなものである。体にダメージがあることはもう痛いほど分かっているし、反省もしているのだから、その痛みを記憶に残す必要もないはずだ。そうした慢性の痛みが自分を守るためにあるとはとても思えない。

痛みに苦しむ人がいる一方で、そもそも痛みを感じ取れない人もいる。先天的な無痛症の人々だ。彼らは痛みのシグナルがないために、舌を噛み切ったり、骨折していてもそれが分からない。取り返しがつかないほど悪化したところで初めて、自分の身体に何が起きているのかが分かる。その意味では**痛みがない生き方と、痛みしかない生き方、どちらもが壮絶さという点では一致してしまう**。痛みがないからといって苦しみが軽減されるわけではないのだ。

確かに痛みは、痛む人の存在の場所をヴィヴィッドに輪郭づける。痛んで苦しんでいる自分は、逆説的であるが生き生きと存在し、かけがえなく、逃れられない自分であるという妄想に近い確信を生み出す。

痛みはさらに、生きている輪郭を浮き彫りにするだけではなく、それを通じて経験を細かに区分することもできる。皮膚が切れた痛み、歯痛、頭痛、胃痛、関節痛、鈍痛、心痛、苦痛、すべて異なる質と場所を持つ痛みだ。

ただしある人の心無い発言に悩まされ、胸に重い鈍痛を抱えていると思い込んでいたら、実は不整脈による心疾患だったということは、稀にではあれ起こることである。つまり痛みの質や場所は量的な度合いで精密に判別することができず、相互に浸透し合う曖昧さも備えている。

痛みと辛さ

こうした**痛みがそもそも忌み嫌われるのは、それが「辛い」ものだからだ**。強い痛みは辛さに直結し、日常を困難にさせる。とはいえ、**痛みは辛さそのものではない**。痛いが辛くないこともたくさんある。たとえば、心地よい心痛、幸せな悩みというものがある。またコリをほぐす身体のマッサージでは、激痛が走っても不思議な心地よさがある。「痛い、痛い」と言いながらやめてほしくはないのだ。つまりすべての痛みが「辛さ」につながるわけではなく、辛くない痛みはそれほど忌み嫌われるべきものでもない。

にもかかわらず、**生きることに苦しむ人の大半は、この痛みと辛さとが区別できなくなってしまう**。死ぬほど辛い痛みにがんじがらめになるのだ。うまく「痛み」と「辛さ」を切り分けること、これはとても大切なことである。

難治性の疼痛《とうつう》（難治性三叉神経痛）というものがある。微風が顔に触れたり、柔らかいタオル生地で顔を撫でるだけで激痛が走り、身もだえ動けなくなる。現状では有効な治療法はないようだが、本

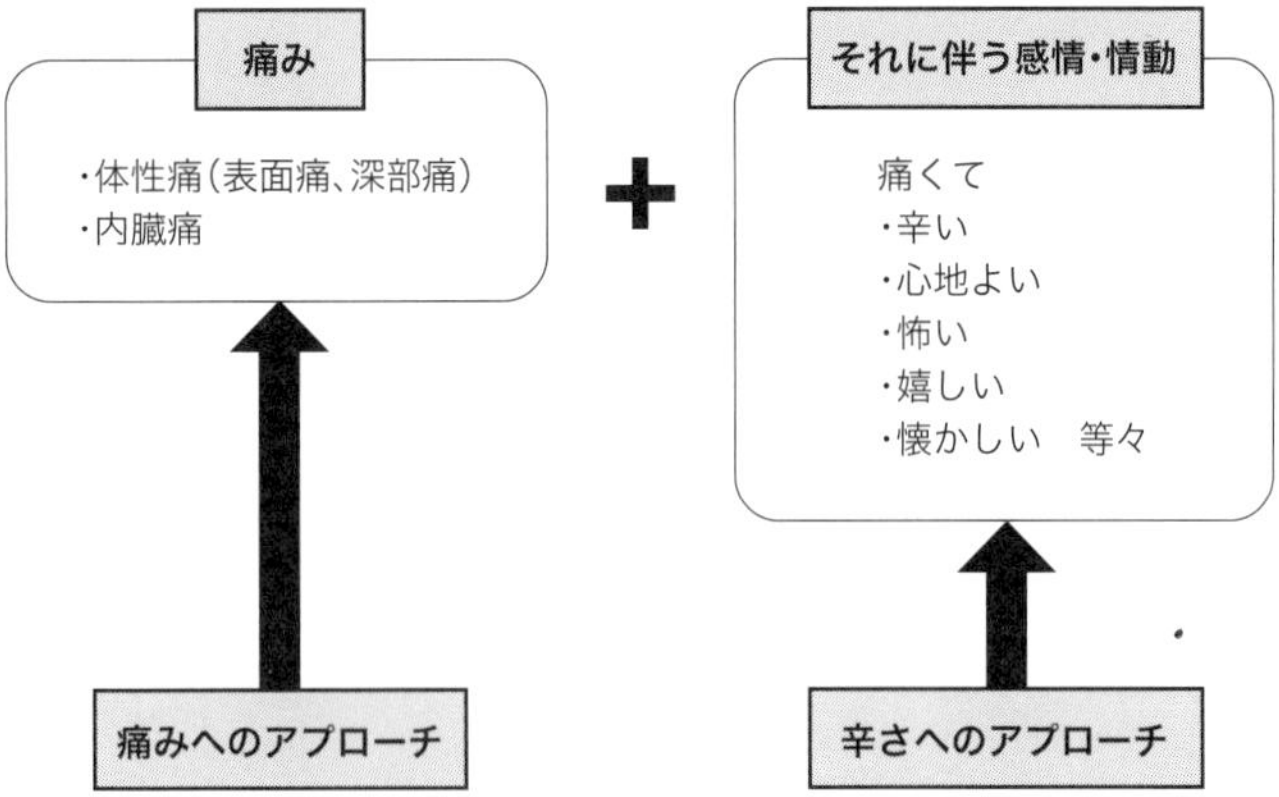

当にひどい場合には前頭葉の特定の部位を損傷させる施術が行われる(2)。これは痛みそのものを低減させたり鈍麻させるのではなく、**痛みに伴う感情**を変化させてしまう施術である。

術後、患者は「痛いことは痛いし、痛みそのものは同じだ」と述べる。しかし「そのことが気にならなくなった、辛くない」とも言う(3)。痛みの強さや質は変化しなくても、それに伴う強い感情がなくなるのだ。

そうだとすれば、痛く苦しい人生を送る人の「痛み」そのものを緩和させるアプローチとは別に、痛みに伴う「辛さ」にアプローチするやり方にも一定の有用性があることが分かる。極端に言えば耐えきれない**「痛み」を緩和させるため、別種の痛みをぶつけることで最初の痛みの「辛さという感情」を変化させることさえできる**。リストカットは、実はその典型だ。

脳科学者のA・ダマシオは「痛み」と「痛みの感情（辛さ）」とを区別し、本当に厄介なのは痛みにともなう「辛さ（suffering）」であることに気づいている。痛くても、その痛みが辛くなければ、別段、放置しておいても問題がないのである。

繰り返すが、痛みと辛さとは異なる経験である。だから人は痛みに懐かしさを覚えたり、愛おしさや愉快さ、嬉しさまでも感じることができる。序章で挙げた学生も、痛みをとても大切で愛おしいものとして感じていたふしがある。

また、脳梗塞で倒れた片麻痺の患者のなかには、セラピストが麻痺している腕に触れようとするだけで「痛い！　痛い！」と強く訴える人がいる。実際にはまだ触れていないのだから痛いはずがない。それなのに触れられるという相手の行為の予測イメージと痛みとが連動し、それが患者の恐怖となっている。

その場合には、触れられるというイメージに連動する「痛み」や「恐怖」、「辛さ」といった複合的な経験に介入しなければならない。ここには、「触れられても痛くないが怖い」「触れられると痛いが辛くはない」「触れられても痛くないし怖くもない」といった幾つもの経験の可能性がある。

その患者の次の回復につながる仕方で経験を変化させるアプローチが要求される。たとえ痛みや恐怖があってもそれが「辛くない」ところまで変化できれば、そこにはさまざまな選択肢が見えてくるのである。

不愉快なほどの悦楽

なぜ僕たちはホラー映画やサスペンス映画、韓国ドラマのような絶望的に苦しいものに手を出すのか。怖いし、悲しいし、苦しいし、いいことなど何もない。ドラマの主人公が死んで辛くてどうしようもなくなり、制作会社にクレームを入れた学生さえいる。そんなに不快になるなら、最初から見なければよいはずだ。にもかかわらずそうした経験が多くの人々を惹きつけるのだから、そこには何か固有の仕組みがある。

精神分析学を打ち立てたフロイトは晩年、「**死の欲動**（タナトゥス）」という概念を導入することになった。この着想はフロイトが、**快感原則に反する選択を行う数多くの患者に出会った**ことに由来する。快感原則とは不快を避け、快楽を求める生命の基本法則、「**生の欲動**（エロス）」である。

痛みや辛さをともなう病的状態は生命にとって不快なはずだから、その不快の解消、つまり健康状態の回復を生命は何よりも優先するはずだ。患者が苦しいと訴えるのは、その苦しみから逃れたいからであり、そうすることが心の安定につながるからである。

にもかかわらず、患者のなかには病的な状態に居つづけようとするだけではなく、病気をより悪化させようと欲望しているのではないかと疑わせる事例がたくさん見つかる。これは疾病利得を求める詐病ではない。

フロイトがここでとらえていたのは**反復強迫**（**強迫観念**）の症例である。患者本人は不快で悲惨な過去の場面を何度も繰り返し思い出す。本来であれば忘れてしまえばよい経験に何度も立ち返り、その現実を生き直す。それはまるで、生を放棄することを求めているかのようだ。

いったい快とは、不快とは何なのか、それらは生命が生きることとどのように関連するのか。フロイトを晩年まで悩ませたのがこの問題である。

彼は述べる。

人間をかくも支配する快と不快の感覚の有する意義とはどのようなものなのか、このことを教えてくれる哲学ないし心理学の理論があるなら、われわれは喜んで感謝の念を表明しよう。残念ながら、この点に関して有益なものはなにも提示されていない。これは心の生活のもっとも晦冥《かいめい》で近づきがたい領域の問題〔である〕[4]。

人間の行動の動機には、その本性からいって快か不快かに明確に振り分けることのできないものが含まれている。そもそも生命を快感原則に基づくものと想定すること自体がとても粗すぎる仮説だったのかもしれない。あるいは快／不快というキッチリと二極化する軸は、本来、多様な要因をもとに加工された虚構的なものなのかもしれないのだ。

フランスの哲学者、ルネ・デカルトはこうした人間の感情の複雑さの一端に気づいていた。彼は『情念論』という著作のなかで、**長年連れ添った妻が亡くなったさいの喜び**について語っている。

一人の夫が妻の死をなげき、しかも（ときどき実際あるように）妻がふたたび生き返ってくれることを迷惑に感じているとき、葬式の道具や、いつもいっしょにいた人間の不在が、彼のうちに呼び起こす悲しみによって、彼の心臓がしめつけられることがあり、愛や憐みの残りが、彼の想像に現れて、彼の眼に本当の涙を流させることもある。しかし同時に彼は、彼の精神の奥底では隠れた喜びを感じており、この喜びが与える感動はたいへん強い力をもっていて、それにともなっている悲しみや涙もその力を減ずることはできない[5]。

夫は妻が亡くなったことへの悲しみに打ちひしがれ、涙を流している。ここに嘘偽りはない。それなのに、芥川龍之介の『一塊の土』のお住がお民の死の現実に気づいたさいと同様の喜びがここにもある。

苦しく辛い現実を受け止めると同時に、解放や安堵に近い喜びがうごめいている。それは決して口外することはできず、本人もはっきりとは気づいていないのかもしれないが、まぎれもない感情の現実である。

デカルトは、表面的な感情の背後にあるこの別種の感情を「内的情動」もしくは「知的な喜び」と呼んでいる。それは、身体的な快不快とは異なる場所で感じ取られる**魂の悦楽**である。

救いのないテーマの本や映画を見るさいにもこの悦楽が働いている。悲しんでいること、苦しんでいることに浸透する喜びがある。またこの魂の感情は喜びだけでもない。人間は最愛の人間を介護しながら静かな殺意に気づいたり、喜びの絶頂のさなかで深い悲しみを感じ取ることもできる。

こうした感情の複雑さが人間の経験の固有さであり、病理の源泉ともなる。たとえば怒りのさなかにも喜びが働いている。怒りは単に不快なのではない。**怒りという多幸**がある。

怒声をあげ、からだを震わせて相手を威嚇するその時、快感が全身を貫くのだ。痛みも苦しみも怒りのさなかでは鈍麻する。この激しい感情運動に身を委ねることにともなう悦楽がある。

とはいえこの怒りはその後、急速に後悔や悔悟の念、または悲しみに変わってしまう。そして「なぜ怒りを止められなかったのか」と自分を責める情動の動きに転換される。にもかかわらず、この「なぜ」の答えのなかに、それを求めている自分がいたことが含まれてしまうことがある。

育児を行う母親のなかに、どうしても子どもをきつく叱ってしまう人たちがいる。怒りたくはないのにそれができないといって悩み、苦しむ。この時、怒りのさなかの「快」は子どものあら捜しをするよう母親の行動を誘導している可能性がある。つまり本人はもう怒りたくないと言いながら、同時に怒るためのきっかけを子どもの行動に見出そうとしている。悪い行いがあって怒るのではなく、怒るためにミスを探し出し、場合によっては捏造する。

こうしたことは母子関係にかぎったことではなく、職場の上司と部下、教員と学生、部活の先輩と後輩の関係においても起こっている。「最近、怒ってないな」と怒りに懐かしさを覚えたり、「どうも怒り足りないな」という欠落感を感じ取る時、ひとは怒ることの快に触れているのだ。

苦しみや病の状態にとどまりつづけることや、怒りの状態に繰り返し立ち返ることには、それによってもたらされる効用と、それを支える経験の安定化の仕組みがある。たとえ長いスパンで見れば自己破滅的であっても短期的には心の安定が実現され、それによるメリットが生み出されていく。だから反復される。

こうした局面で確かめられるべきは、この安定が何によってもたらされているのか、またそのことに当人は気づいているのか、さらにその安定が崩れたさいに別の安定へと移行できる手がかりがあるか、ということである。

意識を外れていくもの――痛くない痛み

ある学生は、目を覚ますと全身が引っ掻き傷だらけになっていることがあるという。無数のみみず腫れがからだを縦横し、血も滲んでいる。とはいえ掻いた覚えはない。寝ている最中には痒かったのかもしれないがその記憶が朝には完全に消失し、愕然とする。「誰が掻いたのか？」

過食と拒食を繰り返す学生は朝方、布団の上に散乱している食パンの耳とカントリーマアムの菓子袋に気づいて茫然とする。「誰が食べたのか？」

単に睡眠中のからだが痒みや空腹に反応しているだけなのかもしれない。しかしそうだとしても、それは私の意識の外部にある痒みや空腹だ。**痒くない痒みや、痛くない痛み、眠りのさなかでの空腹、感じ取れない快楽**が存在する。そしてそうしたものに自分の存在や行動が支配されていることが明らかになることさえある。

DREAMS COME TRUEの吉田美和が作詞した曲の一つに『すき』という楽曲がある。柔らかなピアノ伴奏のなかで吉田が歌う歌詞には、うまく感じ取れない悲しみが描かれている。

詩の主人公にはとくに予定があるわけではない。友人からの誘いもあったが、その日はどうも気が乗らないため誘いを断り、いつもの帰路につく。何かが欠落している感じだけがあり、それに対して自分でもうまく対処できず、ただ少しはにかんでみるだけである。自宅に帰り、ラジオを聴きながら風呂に入っていると、突然、抱えた膝元になみだの雫が溢れ始める。その時初めて、泣きたかった自分に直面することになる。

この主人公は、どこかで正確に自分の身に何が起きているのかに気づいていたのかもしれない。だから友人の誘いも断っている。にもかかわらず、そのことの実感がうまく感じ取れない。それは悲しいが悲しくない、嬉しいが嬉しくないという奇妙な経験であることは確かだ。

アルコール依存症者のなかにはこれと同じように自分の感情に向き合い、それを認知することがどういうことなのかが分からない人がいる。[6] 自分のなかで動いている感情の強さや質をコトバでうまく表現できないのである。

たとえばその患者に人生の大きな出来事（身近な人の死や挫折）に直面したさい、どのような感情を持ったのかを尋ねてみても「分からない、覚えていない」と言い、その時の情景や自分の感情をうまく表現できない。「どうして分からないの？」と執拗に問いを立てると今度は強い感情を表出して怒り出し、「どうしてそんなことに答える必要があるんだ！」とその場から立ち去ってしまう。連続的に怒りつづけていれば、自分の感情の細かな動きに向き合う必要はないからだ。

この場合、怒りは内面で起こる苦しい記憶や感情の動きから注意を外すための戦略となっている。誰にでも向き合いたくない過去がある。それに向き合うよりも怒りに身を任せてその場をやりすごしてしまうほうが辛くはないし、楽なのだ。

逆から言えば、この患者はそうした過去の経験や感情の動きに直面することが心の安定を大きく揺さぶることに精確に気づいており、そうなることを恐れている。**怒りのさなかで恐れているのである**。そしてその患者にとっての心の安定を支える重要な定点が、怒りとアルコールになる。

フロイトの精神分析の試みには、こうしたうまく感じ取れない感情の動きにコトバを通じて方向を与え、そのかたちをおのずと調整してしまうことが含まれていた。**こうした実践を薬物療法で置き換えることはほぼ不可能である**。痛みには痛みの正しい感じ方があり、怒りには怒りのまっとうな表出の仕方がある。そうした仕方がおのずと患者のなかに育ってくるようにコトバを通じて調整していくのだ。

心の疑似的な安定化

本書に登場する学生たちは生きることに含まれるさまざまな痛みや苦しさに直面し、それを身をもって体験している。同時に逆説的ではあるが、それらを通して自分自身の安定する場所をどうにか作り上げてもいる。

精神分析に「防衛機制」という用語がある。精神疾患の症状の多くは心がみずからを安定させ、身を守ろうとした結果、生じるものである。つまり**痛みや苦しみ、怒りが本人の心の自己治癒の戦略として積極的に用いられた結果が、病なのだ。**そこでは痛みと快は分かちがたく結びついている。

本書を貫くテーマの一つは、こうした「心の安定化」のさまざまなモードを取り出しておくことである。自傷を行う学生はそれを通じて自己を何度も安定させ、感情を激しく動かす学生はその動きの落差に応じて心の安定を作り出している。

そうだとすれば社会通念上は奇妙で、倫理的にストップをかけられるべき彼らの行動の多くは実は、つねに新しい心の安定化のモードや仕組みを発見し、発明しているのかもしれない。

その場合、僕が学生たちに関わるさいのポイントは、

（1）彼らの固定された注意の場所を見つけ、その固定化を揺るがす工夫を考え、

（2）彼らにとっての心の安定の定点となっている経験の内実を特定し、さらに、

（3）その定点とは異なる定点候補（選択肢）がないかを探り出し、
（4）心の安定を支える定点を複数化するための戦略を考える。結果として、
（5）彼らのなかに複数の安定化のモードが生まれるのを見守りながら待ちつづける

ということになる。[7] ただし心の安定は、どんな場合でも暫定的で疑似的なものとならざるをえない。というのも、いついかなる時にもそれが壊れてしまう可能性があることを排除できず、いっそう豊かな安定化のモードもあるはずだからである。

さらにそうだとすれば、**健康や病気という区分、正常／異常という区分はほとんど重要ではなくなってしまう**。というのも、健康な人はさらに豊かで生き生きとした安定化のモードをいつでも模索できるし、どんなに辛く深刻な病のさなかでも別様な生き方の手がかりを見出すこともできるからだ。病的な健康があり、健全な病もある。また、個か社会かという区分も重要ではなくなる。社会的な制約や他者との関わりが心の安定を乱していることは極めて多い。そしてその外的な攪乱要因を解消することができるのであれば、それに越したことはない。

とはいえそうしたものは短期間のうちに容易に変えられないものがほとんどだ。その場合、社会にではなく個のなかに新しい安定化をその都度、作り出していかざるをえなくなる。無論、個にその責任を押しつけたり単なる根性論を持ち出したいわけでもない。

むしろ考えるべきは、責任を押しつけ、根性を要求することで、その個の心の安定に寄与することがあるのかどうかをつねに吟味することである。

心の安定化にとって、責任の押しつけや根性の要請が演じる役割はきわめて少ない。というより責任によって心が安定し、根性で苦難を乗り越えられるくらいなら心はもともと安定しているのだ。

本書で描かれる学生たちのほとんどは、責任や根性といった社会的要請のずっと手前で、かろうじて心の安定系を作り出そうと奮闘している。そのような時には、**最後の最後に、個がみずからで新しい自分になっていく必要がある。**それがなければ、別の新たな社会的制約が現れたさいに同じ苦しみや問題を反復するだけになる。これでは問題をただ先送りしているにすぎない。**周囲の環境がどんなに変わっても、本人は何一つ変われないということのほうが、現実にはとても多いのである。本人のなかに変化可能性と展開可能性を見つけ、育むことが何よりも大切なことであると僕は考えている。それが発達であり、教育の課題である。**

本章冒頭のリアペのように痛みに苦しんでいる学生に対しては、「それなら痛いけど、大丈夫です」とか「別に痛くても平気です」と言える経験がないかを探すようにしている。

彼女は硫黄性の強いものではなく、アルカリ性の軟度の高い温泉には入れたという。それは彼氏との旅行の副産物だった。「あれ、大丈夫だ！」という経験を通じて、彼女はそれまでは嫌でしかなかった温泉のイメージの余白を発見したのだ。

今では徐々に旅行できる範囲を広げながら、ピリッとするとか、じわじわ痛くなるとか、湯上りに痛みが出てこないとか、痛みを基準にする仕方で名泉を味わっていると教えてくれた。

第2章 「自傷」の玄人《プロ》

おそらく人間は、快楽の次元にくらべると禁忌の次元ではそれほど多くのものを考案しない……。

フーコー『快楽の活用』

自分のからだを傷つけたいという欲求は、自分を守りたいという欲求と表裏一体である。ある学生は耳に幾つものピアスの穴を開けることで、両親からの束縛を逃れられるのだと言う。自分で自分のからだに傷をつけ、からだを使い古しなじませることで、それが本当の自分のものになると言う。

こうまでしなくては身体の自己所有がままならない肉親関係とはどのようなものなのか。そしてからだを痛めつける自傷行為を通して初めて獲得される心の安定があることも見えてくる。

自傷は勧められるものではないし、健康に利するものでもない。しかしそれは苦しみの最中にある人にとっての一つの生存戦略（ケア）であり、「生きるために切る」という選択肢が紛れもなく存在する。

そうした学生と出会った場合に大切なことは、彼ら、彼女らの心の安定をかろうじて支えている自傷という行為が矮小化し、希薄化するような別の選択肢を作り出すことで経験の枠組みを拡張することである。それにはまず、彼らのなかで起こる気づきや注意のパターンを見極める必要があるが、これが一筋縄にはいかない。ゆっくりと焦らず、一緒に進んでみるしかない。

癖とケアのあいだ

私には、手のひらについた傷を、治りかけの時にまたえぐって、傷をあえて修復させないという癖があった。えぐり出している時に血が出てきて、予想外に大量出血してしまうと、なぜかうれしいという気持ちもあった。リストカット＝死というイメージが強く、怖いという思いがあったので、妥協して手のひらにしていたのだと思う。

だからなのか私には、自傷を求めてしまう人の気持ちがとてもよく分かる。本当にぎりぎりのところにいて、ナイフが落ちていたり、その時にぽんと背中を押されることがあれば、やってしまいそうで怖い。

これは「身体の習慣と癖」についての講義の後、ある学生が提出してくれたリアペである。僕の実感として、こうした告白は心理学部や看護学部の学生に顕著に多い。女子率が高いからだろうか。

手首や腕、肩などに刃物を当て、切り口をつける自傷行為には常習性がある。それは癖になる。切り所が悪ければ命に関わる危険な行為であり、なぜそんなことをするのか疑問に思う人も多いはずだ。

しかし、それは他方でリスカ（リストカットの略称）と呼ばれ一般に流布することでファッションにも近い軽薄さや、それを通じた共感力も持つ。ピアッシングも自傷として行われることがしばしばある。

自傷行為にたいする認知度が高まることで医療的な関わり方も多様化し、単にそれを本人の甘えや弱さとして非難することには意味がないだけではなく、むしろ逆効果であることも説かれるようになってきた[1]。また自傷者の本人語りが拡充されるなかで、自傷という経験の細かな現実にまなざしが届くようにもなってきたのだ[2]。

僕もこれまで自傷を行う多くの学生に出会い、その方法や傷痕の多彩さに驚かされてきた。そしてそうした経験とともに、自傷行為はもっと人間の、いや動物にも共通する本性的な部分に関わっているのではないかと思い始めるようになった。

講義で個人の習慣や癖に関するテーマを設定すると、以下のような学生からの証言が出てくる。

> 私には、テスト勉強など明確なストレス原因があるさいに、髪や眉毛を抜いてしまう癖がある。ある時、勉強が終わり、消しゴムの使いカスを捨てようとゴミ箱を見てみると、真っ黒な塊になった髪が捨てられていて驚いたことがある。今でも無意識に眉毛をいじって抜いてしまう。そのため頭髪は大丈夫だが、眉毛はほとんどなくなっている。抜く時には変な痛みとも気持ちよさとも言えない感じがある。抜くリズムのようなものもあって、その感じやリズムが悪いと、さらに過剰にやってしまう。
>
> 右手の親指、人差し指、中指、左手の中指、薬指の指先の皮をむいてしまう。ささくれレベルではない。自分自身でむきながら血が出るまで続けてしまう。もちろん痛いし、やめたいと小さ

いころからずっと思っている。しかし親にいくら注意されても、絆創膏を貼ってもやめられない。テスト期間やイライラしていることがあるとひどくなる。

私はよく、耳をほじってしまう。痒く感じて、引っ掻きすぎてつねに中耳炎になりかけている。なりかければなりかけるほど、かさぶたのようなものができて、それを取りたくてさらに悪化させるように引っ掻いてしまう。人前ではやらないが、一人でいる時や、家族の前にいる時についやってしまう。やらないと落ち着かなくてどうしようもなくなる。

これらすべての証言には、どこか通底するものがある。どの証言にも、自分のからだに傷をつけることが含まれている。本人たちはストレス状況でそうした行為を行うと理由づけをしている。そうした因果関係が正しいかどうかは不問にするにしても、それらの行為によってストレスの緩和が行われ、一時的にでも自分の安定が取り戻されることは確からしい。

髪の毛を抜き、爪を噛み、指先の甘皮を剝く。鼻糞をとり、耳垢をとる。これらは単に個人の癖として分類されるのかもしれないが、それは同時に自分の身体のメンテナンス、つまりケアという側面を持つ。

母ザルが子のノミやシラミを取る行為、ネコが体を舐めて毛並みをそろえる毛繕い、あるいは鳥がくちばしで羽を整える羽繕いは、動物学ではグルーミングと呼ばれる。顔を洗い、歯を磨き、風呂に入り、からだにオイルを塗ったりするのはセルフ・グルーミングの一種であり、上記の癖もその延長上にある。昆虫でさえ触覚の汚れを定期的に掃除することが知られており、掃除屋として共進化した動物種もたくさんいる。

信頼する他者に頭をなでてもらったり、痛みのある部位をさすってもらうだけで苦しい局面を通過してしまうことがある。グルーミングには、身体のメンテナンスを通じて、（１）心の安定を取り戻すこと、（２）感情のリセット、（３）経験の再立ち上げ、（４）それらにまつわる快の享受、といった多様な機能がある。

またそれは身体のメンテナンスだけではなく、社会的な立ち位置や信頼の強さを確認したり、攻撃的な感情の動きをなだめたりするのに活用される社会行為でもある。身体的な快楽の節制を説いたアリストテレスでさえ、たとえば「体育場での身体のもみほぐし」や「温浴」の快楽は、放埒さに通じる快楽には該当しないと述べている[3]。

強迫という経験

とはいえ問題なのは、上記の学生の例ではそうした行為がどこか行き過ぎてしまい、さらには必ずしも社会的要素を持たないということだ。

誰かに気づいてもらいたい、心配してもらいたいという対他的アピールができれば、それはまだいい方である。ＳＮＳやツイッターで、今、自分がどれだけ辛い状況に追い込まれており、大変であるかをアピールする「病み発言」にも、すでに社会行為が内在している。

ごくまれに、自傷したことを画像つきでツイートする人たちがいるのも確かだが、自傷行為のほとんどはそうしたアピールとは無縁にただ反復され、内化され、悪化していく。

講義のリアペにも「初めて人に言いました」「こんなことを書いていいのか分かりませんが」という告白めいたものが、それなりにある。そうした感想のなかから問題がなさそうなものをピックアップし、次週の講義で匿名で紹介すると、時にそうした学生の自信や安心につながることがある。序章で触れた女子学生もその一人である。

社会的アピールができたり、コミュニケーションネットワークにつながるだけで、本人の経験の局面が変化してしまうことがある。逆から言えば、そうしたアピールの場さえないまま自傷を繰り返している学生が大量にいるということだ。

僕は昔、飼っていたインコに新しい雌のインコを与え、つがいにさせたことがある。その方が寂しくないだろうと幼い頭で考えたのだ。一緒にしたその日から喧嘩が絶えず、キキキキーと怒声ばかり出していたため、すぐに別離させた。

その後しばらくして、最初に飼っていたインコに、自分の羽をぶちぶちとむしる行動が出始めた。羽を抜くだけならまだしも、もう羽がなくなった皮膚を執拗にくちばしでつつき、しまいには出血するようになった。それでもその行為をやめる様子は見られず、鳥籠の木の枝をせわしなく行きつ戻りつしていた。片側の羽がほとんどなくなりかけたころ、そのインコは死んでしまった。

子どもながらに愕然とした記憶が残っている。とはいえ、このインコが私のひどい仕打ちを責める社会的アピールをしていたとは考えがたい。

羽繕いは鳥類であればほとんどの種が行い、そのさいに羽が抜けてしまうのもごく普通のことだ。

にもかかわらず、それが行き過ぎてしまうことがある。犬や猫も傷口をしばしば舐めるが、舐めすぎることで傷口に別の菌が感染し、悪化させてしまうことはよく起きる。

上記の学生の経験と動物のそれとにも、確実に通底する何かがある。環境変化がストレスとなり、それを緩和させるための何らかの反復行為が見出され、一時的にであれ経験や心の安定が図られる。そして一度その反復行為のパターンが形成されると、そこから抜け出すことが難しくなる。

強迫性の経験はこうした局面で現れてくる。たとえ頭ではやめた方が良いと分かっていても、それをしないと落ち着かない、収拾がつかない、区切りがつかないといった、心の安定の乱れにつながる経験である。なぜこうしたことが起こるのだろうか。

切りつづけるなかで心が安定する

心の安定や安心感は慣れることに正比例するようにして獲得される。そのことは、初めて行う身体動作や初対面の人との会話、あるいは初めての土地での経験と、慣れ親しんだ経験との違いを思い起こしてみれば明らかだ。

初めての経験では心もからだも、緊張やこわばり、ぎこちなさに支配されてしまう。しかし、しばらくそうした経験を反復しているうちに、「そうそうこの感じ」といったしっくり感が出てくる。

慣れには反復が必要であり、その反復のなかで緊張やこわばりはかたちを変え、安心感や心地よさに変化する。**緊張やこわばりの解除という脱力のプロセスには固有な快がある。**その意味での反復はどんなものであれ、心の安定化に貢献する。

とはいえ問題になるのは、なぜ自傷といった行為が選択されるのかだ。ただ慣れるだけのことであれば、日常的に頻繁に起こっている。家族、友人、食事、通勤路、身の回りの私物、仕事、趣味、どれもなじみのある人や物との関わりの反復からなる。**人が生きるということは、さまざまな反復パターンが絡み合う、複合的な反復のネットワークを作り出すことである。**

持ち物や服装、趣味や職種の選択、行動範囲といった外形的な行為選択の履歴がその人の人格形成に多大な影響を与えている。新しい生き方や心の在り方を手に入れたい人は、心の内面で祈ったり決意したりするより、外形的な行為の履歴、たとえば部屋の私物や洋服をすべて捨ててみるほうが手っ取り早い。

でもこれはそう簡単にはできない。コストがかかるし、これまでの自分の履歴を消去するには一抹の不安と恐怖があるからだ。ここに、反復されて安定したものをリセットできないという強迫感が出てくる。

毎朝目覚めるたびに土地も家も変わり、周囲の人間も持ち物も新しくなってしまう生活を想像してみる。誰一人同じ人間に出会うことがなく、何一つ同じものがない土地や場所で日々、目覚める。人や土地の名前を覚えることは意味をなさず、手にした道具に愛着を抱いても翌日には跡形もなく消えている、そんな生活だ。

そのなかでさえ変わらないものがあるとすれば、それが癖である。**自分の思考の癖、口癖、動作の癖といった、その人のからだに染みついた習慣である。**環境が激変しても同じように反復できるもの、**それが身体とともにある癖だ。それによって最低限の安心感は確保できる。**というのもそれは外

的な環境に依存することなく、自分という個体をかろうじて反復することになるからだ。

そうだとすれば、自傷を繰り返す人には、それによって個体として生き続けている側面が必ずある。**自分を傷つけることによってその人みずからになり、個体を維持している。**傷つけつづけることが心の安定、平衡状態を綱渡り的に生み出すのだ。

先に癖はケアでもあると述べた。ここでは「癖」と「ケア」と「痛み」とが重なりあう。**癖（反復・強迫）、ケア（自己治癒）、痛み（快）は密接に絡み合っている。**人は、いや動物であっても、自分以外に拠り所がない場面で自分のなかに反復できる経験、しかも最も安易で、容易なものとして自分の身体で反復できるものを確保する。

当の本人はそんなことを考えているわけではない。行き場のないイラつきや苦しみ、辛さの塊をただ何かにぶつけたいだけであり、それが自分の身体に向かうだけである。そしてその方法が一つ見つかると、その反復のパターンにはまり込むのである。

自傷の入り口――「切ってみました」

ある女子学生から深夜に送られてきたメールのなかに、「今、リストカットをしてみました」と書かれているものがあった。以前からその学生とは家族関係の相談や、生きることの意味や意味のなさについての哲学的な議論を交わしていた。その学生が、試しに切ってみたというのだ。以下、メールから抜粋する。

自傷行為には、前から興味はありました。しかし、「やるもんか」と思う自分もいたわけです。ところが先日、何かの拍子に、この「やるもんか」という意地が突然しぼんでしまいました。そこにあったはずの意味が急速に後退していくのを感じました。で、それも一つの機会かなと思ったので、切ってみました。

ブランコから飛び降りてみたいな、ただ失敗したら痛そうだし、怒られるのは嫌だな。でも、男の子はみんなやっている。そのやってみたいと思う気持ちを知りたい。だからやってみよう！そんな感じのノリです。

しかし、そもそも行為に及ぶまでの動機が、「理解したい」事象とかなりずれています。二回目以降は、本当の意味での「自傷行為」や「飛び降り」になりうる可能性を持っていますが、一回目は確実に、「真似事」に過ぎないのかなと思います。そこには、「その行為を行わなければならない」十分な動機が、個人にとってのその事象の必然性というものが存在しないのかな、と思います。

ところが、理解を目的として掲げていながらも、その目的が達成されないことを知っている。それでもあえて「切ってみた」。そこにはやはり「理解」を大義として（あるいは逃げ道）として掲げながらも、「自分のため」の要素がしっかりと含まれているような気がします。

ちなみに「実験」としてはなかなか面白かったです。場所はどうしようかとか、どのツールが一番つかいやすいかとか、いろいろと考える余地がありました。探求のしがいがありそうでした。冷静にやっていると、なかなか楽しいです。痛いのが玉にきずですね。

この学生には妹がおり、その妹が自傷行為を繰り返していたため、それを知っていた本人は自傷にたいする強い嫌悪感を持っていた。しかしその「意地」が深夜に訪れるいわれのない収拾のつかなさの果てに、しぼんでしまったという。

何重にもロックをかけていた扉が、ぱかっと開いてしまった。逆に言えばこのロックが自分にたいする強い抑制をかけ、制約となり、彼女を苦しめていたとも思われる。

だからその返信メールはタイトルを「Debut!」にして、「そうですか、切ってしまいましたか。傷は深くはないですか。ここが自傷の入り口です。……次に切りたくなった時には、必ず一度、僕に顔を見せてください。僕が切っても大丈夫かどうか判定します」といった連絡と、長い文面を送った。

この学生は優良大学生ということもあり、優れて聡明である。夜になると襲ってくる躁鬱の感情変動とパニックに翻弄されながらも、自分でできることとできないこととの境界をきっちりと判別できる。そして自分の限界を超えた時に連絡をくれる周到さも持ち合わせている。しかも、こちらのアドバイスや介入が不必要なほど自己分析をしながら実験的に自分の経験に揺さぶりをかけ、次につながる手がかりを見出そうとしている。

だからいつも会うたびに、「覚えておいてね、君はいつもできすぎなんだから。僕がやれることがなくなっちゃう。そのできすぎ感を少し緩めてもいいんだよ」と伝えている。

今もこの学生との関係はつづいているが、その後、リストカットはしていない。生きつづけることの大変さに圧倒されてしまう夜が続いているのは確かだが、実験精神が確保されている学生の心には、まだ強さがある。これはとても大切なことだ。

「最近、切っていないなぁ」

なぜ自分を傷つけるのか。それは痛く、辛い経験であるにちがいない。にもかかわらず自分の身体から血液が流れ落ちているところを見ると、間違いなくドキドキする。何かまずいことが起きているという臨場感に包まれる。それは堰《せき》を切るような感情の発露とも重なっている。以前、自傷行為を繰り返していた学生が、そのころの自分を振り返って書いたメモをくれたことがある。

誰もが理由はさまざまかと思いますが、自分が渦中にいる時って、感覚鈍麻になっていることが多い気がします。たとえば味覚や聴覚や痛覚も鈍くなって、自分が何者なのかも存在意義もよく分からなくなったり。どうしたらいいか分からなくなると、みんなもやっている「傷つける」手段に出てみるんじゃないでしょうか。やってみると感覚が少しずつ戻ってきて、「あーよかった、まだ大丈夫だ」っていろんなことを再確認できるような気がするんです。最初のきっかけはそんな小さなことかと思いますが、だんだんそれがないとだめになるんですよね、きっと。一般的な感覚とは違うのかもしれませんが、その感覚を例えるなら、私はゾクゾクする感じでした。不思議ですが、今思い出そうとすると、その感覚はすごく性行為に似た印象で、「生」に直結している感覚です。

自傷行為とそれが引き起こす痛みとともに、脳内ではエンドルフィンやカテコールアミンが分泌されていることが分かっている。エンドルフィンは気分を高める脳内麻薬の一種である。カテコールアミンはドパミン等の神経伝達物質の基礎構造をなし、血糖値を上昇させ、瞳孔や心拍数を高める。

つまり自傷のさなかでは、ある種の興奮、陶酔、臨戦状態が入り混じっている。実際に自傷を行う学生の多くは自傷とともにスッキリするといったり、上記の学生のようにゾクゾクしたりすると言う。

また「生」に直結する感覚と述べられているように、それは空虚さではなく、むしろ何かが満ち足りていく充実感に触れてしまう。こうした経験が、自傷が反復されていく最初のとっかかりとなる。

この経験に一度とらえられてしまうと、夜中、寝る前に「最近、切ってないなぁ」とふと思う機会が増えてくる。明確な不安や収拾のつかなさがない時でも、ふと切ってみようかと思うようになる。ここが、自傷がアディクション（依存）化する分岐点であり、反復につながる場面である。

当人は確かに苦しく辛い現実を生きている。しかし、というかだからこそ、その時のセルフケアと充足感としての自傷という行為選択が、心の安定のために定点化してしまうのだ。

自傷を繰り返してしまう学生と信頼関係ができてくると、

「**てもみん**というマッサージ専門店があるけど、**てきりん**という自傷をサポートしてくれる専門店があったら行きたい？」

と聞いてみることにしている。ある学生は一瞬、啞然とした後、

「とにかく収拾がつかなくなると、その場で何かしなくちゃいけないんです。気軽さと、自分一人でできるというのがリスカのいいところだと思います。でもそんなお店がもしあれば一度行ってみたいかも」

と、しかつめらしく答えていた。

ナイフやカッター等で傷をつける自傷行為は雑菌が入ったり傷口が残ったりと、素人がやるべきことではない。常習性もあり、一人でその回路から抜け出すことを困難にする。死のリスクも常にある。

他方、献血マニアという、血が出たり抜かれたりすることにともなう快を求める人々が存在する。彼らは輸血のためという立派な名目とは独立に、血を抜いてもらう体験を求めて献血を繰り返す。献血では堂々と針を刺して血を抜いてもらえるからだ。それに対して自傷者には、それに代わるサポートの選択肢が現在の社会にはほとんどない。切らせてくれるパートナーを見つけることのほうが、実はより現実的な選択肢となることも充分ありうるのだ。

なぜ自傷行為は反復されるのか

自傷行為が反復され、心の安定に寄与する役割については幾つかの仮説が考えられる。学生からの報告と分析結果をまとめると、以下のようなものが列挙できる。

(1) 受動→能動仮説(セルフ・コントロール仮説)

主体の意図とは無関係に起こる心の痛みや苦しさを、自分で傷をつけるという能動的行為で代償する。これはフロイトが指摘していたことでもある。みずからの裁量で制御できる傷をつけることで、訳の分からない苦しみが明確な原因と理由のある痛みに変換され、それによって当初の苦しさが、自分のコントロール下にある痛みや苦しみにかたちを変える。

フロイトは幼児においても、受動的な苦しみを自分が演じる「遊戯」に変換するわざを身につけると考えていた。彼は幼児の糸巻き遊びを例に挙げている。子どもが糸の巻きついた芯の部分を遠くに投げ捨てた後、その糸をたぐり寄せ、取り戻すという行為を繰り返す場面だ。フロイトの解釈では、子どもは母親に放っておかれて辛い自分を糸巻きの芯に見立て、自分が母親の立場に成りかわる。つまり母（子ども）が、子ども（芯）を投げ捨て、それをたぐり寄せることによってフォローするという役を反復することで、辛さを紛らわすというのだ。

ここまで正確なロールプレイングが幼児において実行されているとはとても思えないが、遊戯には役割転換や自己制御にともなう「心の自在さ」を回復する機能がある。

東日本の津波被害の後に、子どもたちは津波ごっこをして遊んでいた。彼らの振る舞いが不謹慎だとか異常だとかと判断するはるか手前で、子どもたちが独力で発明する心を安定化させるためのユーモアとテクニックから学ぶべきことはたくさんある。

（２）社会→身体仮説

社会ストレスに由来する茫漠とした息苦しさや心の痛みをからだの一部分に局在化させ、かつヴィヴィッドなからだの痛みに変換することで代償する。かたちのないもの、やり場のないものに物理的に明確なかたちを与える。それによって目に見えなかったものが見えるようになり、辛さそのものが局所化され、矮小化される。

苦しみや辛さに名辞をつけたり、問題を言語化して他者と共有することで、その事態から距離を取ることもできる。患者と医療者の間で苦しみの物語を共有するナラティブ・セラピーが活用するのもこの回路である。

ただし自傷行為（自傷セラピー）では、心の辛さを他者とともにコトバを用いるのではなく、からだに身代わりになってもらうことで、そこから距離を取る。学生の一人は「いつもからだごめん、でも今日もお願い」と、自分の身体に言い聞かせながら自傷をするという。

（3）感覚回復仮説

先の学生の証言にもあったように、ストレス状況下で生活をしつづけると感覚が鈍麻し、味覚も嗅覚もよく分からなくなる。喜びや悲しみといった感情も動かなくなる。ラーメンに七味唐辛子を一瓶まるまるふりかけて刺激を与えないと感覚が生き生きしてこない、味が感じられない。そうした現実の希薄化が起こる。上記の学生からは、一面真っ赤に染められたうどんの画像が送られてきたこともある。

これは「解離」に含まれる実感でもある。自傷を行うことは、この感覚鈍麻に働きかけ、ヴィヴィッドな感覚を回復する。傷と痛みによって現実との接点が取り戻される。それはしばしば空疎となった自分の存在の再確認を含んでいる。

（4）背徳仮説

外部へのアピールではない自傷行為でも、そこには世間から見てしてはいけないことをしているという背徳感がある。それは傷をつけることができる自分への支配感と表裏をなす。ダメな自分や身体を罰する、倒錯的な優越感である。罰する自分も罰せられる自分も同じなのだから、本来そこに優位関係などない。にもかかわらず禁じられた境界を超えるさいに万能感のようなものが出現する。フーコーのコトバを借りれば「行動の戒め」にたいする抵抗である。[4]

過食嘔吐を繰り返す場合には痩せている自分にたいする恍惚感が引き金となり、痩せられない自分への罪悪感が強化される。その人が痩せているか太っているかは生物学的必要からではなく、周囲との文化的、社会的関わりから評価される。しかしその現実的な接点が失われ、無効化したとしても、ただ痩せつづけること、傷つけつづけることへの渇望を手にしてしまうことがある。誰にとっても背徳感には固有な快がある。

（5）辛さ変容仮説

どのようなストレスであれ問題なのはそのストレス状況に直面し、それが「辛い」ことである。収拾がつかないパニック状況もそれが楽しくてしかたがなければ、別段、問題がない。収拾のつかなさが怖くて不安で、それが辛いからこそ問題なのだ。

あるいは感じ取れないことの辛さ、つまり生き生きした感覚がないことの辛さもある。そしてこの辛さを「痛み」を通して、さらには「痛みとともにある充足感」によって置き換えてしまう。意識が興奮のモードに入り、緊張を緩和したり、逆に強めたりすることで、当初の辛さを別のかたちにする。痛みは変わらなくても、それが辛くなくなる。**辛くないことの安堵感が痛みの充足感を通して獲得される**。

おそらく（1）から（4）の仮説のどれもが（5）の仮説に寄与するし、（5）の仮説が下支えしているから（1）から（4）が反復される。一時的にであれ充足と恍惚がもたらされ、心の安定が取り戻される。

多くの自傷行為には、これらの仮説のどれかが、配分と強さを変えて含まれている。そして一度でもそれがうまく心の安定に寄与してしまえば、その反復へと進んでいく。

メールをくれた学生の一人が言うように、どんな行為も一回目は「真似事」である。いけないことをしてみるという背徳感とともにある興奮状態が強く出る。問題はこれが反復の回路に入ってしまうか、あるいは「へえ、こんなものなのか」といって終わりになるかの分岐点である。

この真似事が心の安定に寄与し、しかもそのことを本人が実感すれば、さらにそれを伝える相手もおらず、自分のなかにとどめておかねばならないかぎりで、自傷の反復へと進む可能性は高くなる。

自傷を忘れる日のために

とはいえ反復されればされるだけ、それは単調になる。つまり慣れが生じ、当初の興奮状態は減退する。だからといってそれに代わる選択肢がないことから、この減退を補うようにしてさらに反復される。この場合、**ストレスを緩和させ、心の安定を取り戻すための自傷行為が、それ自体で目的化されていく**。

当初の感覚の減退がさらなる自傷を求めるようになる。そして序章の学生のように手首、肩、ピアス、タバコというように単調さをずらしなら刺激の質や自傷の部位を変え、**反復はズレを含む反復となる**。また、夏場には目立たないよう手首から肩に自傷の場所を変えるといった季節的な複合パターンも出てくる。これは自傷の玄人《プロ》化である。

ある女子学生が教えてくれたことがある。その学生には両上腕に無数の切り傷がある。本人にもそれを隠す様子はない。小学校に入る前から自傷の癖があり、最初はシャーペンやコンパスを使って始めたという。

「傷跡は、もう少しきれいに入れられないの?」

と聞くと、その学生は「ああ、分かってないな、先生」というしたり顔で、

「先生、切り方や深さ、場所を考えないと皮膚が硬くなってしまうんですよ。硬くなった皮膚は、切った時の感度も鈍ります。だからただランダムにやっているわけではないんです」

と言う。

「そうなんだ。もはやプロだね。僕は岩登りをやっていて手のひらの皮が厚くなっているけど、この皮膚じゃだめ?」

と言って手を学生に見せる。ふんふんと品定めするように僕の手を見て、「あーだめです、全然。堅すぎます」と学生。

「だいたい皮膚の感触と血管の位置から血がどの程度出てくるのかが分かります。傷ってドラマなんですよ。すっと切り口がついて、そこからパッと血が出てくる。最初は滲むようにして、だんだん血だまりができて、最後は垂れていきます。実際はそんなに冷静ではないんですが、今日はうまくいったなとか、どこかで成功と失敗の感覚があるんです」

この学生は単なる自傷の単調さを通り越して、自傷に含まれる経験の細かさのオーダーを引き上げるところまで来ている。皮膚や血管にたいする感度が段ちがいである。

この一件以来、僕はその学生を「プロ」と呼びつづけている。学生もまんざらではない様子で、その後もいろいろと解説をしてくれる。笑顔がとても印象的な学生で、頭もいい。

なぜこの学生が自傷行為を、しかも幼少期から繰り返さなければならなかったのか。親子関係や友人関係において何があったのか。その理由や原因を問い詰めても、彼女の自傷をすぐにやめさせることにはならない。精神科や心療内科にも長年通っており、処方される薬の知識も豊富にある。それでもまだ、「私は切り続けているけど、死ぬには及ばないんです」、そんな声が彼女からは聞こえてくる。

とはいえそれは、綱渡りの希望でしかない。今後も必要なのは、彼女の経験の安定の支えとなり、強迫ともなっている自傷とは別の安定化の定点を、この学生のなかに丁寧に幾つも作っていくことだ。

短期的には自傷の刺激に釣り合う別の刺激、たとえば両手が麻痺するほど氷を握りしめて夜を何度も凌いだり、一緒に一〇〇円ショップに行って購入した大量の皿を壁にぶつけて割ることなのかもしれない。さらには人間関係を拡張し、趣味や仕事の経験を徐々に増やすことなのかもしれない。

しかしそのもっとはるか手前では笑える回数が増えるだけでもいいし、美味しいと感じるものが増えるだけでもいい。僕との会話もその一つである。

理想のかたちは、**気づいたら自傷の回数が減り、自傷のことを忘れてしまう時間が増える**ように、徐々に反復のかたちをズラしていくことだ。

これまでの経験にはない心の安定化が生まれ、本人は気づかなくてもよいから、経験の水準が切り変わってしまうところまでズラしていくこと。

今も、その試みを続けている。

第3章

「離人」、静けさのなかにたたずむ

ホラホラ、これが僕の骨だ、
生きていた時の苦労にみちた
あのけがらわしい肉を破って、
しらじらと雨に洗われ、
ヌックと出た、骨の尖さき

中原中也『骨』

「自分のからだに裏切られる」というコトバを聞いて、それがすっと理解できる人と、できない人とがいる。

僕によく起こるからだの裏切りはこうだ。パソコンに文章を打ち込みながら、腹がへったので菓子パンを食べようとしている。すると、「カシャ」というプラスチックの奇妙な食感に驚き、思わずからだがのけぞる。何が起きたのかと思って手元を見ると菓子パンの包装紙だけが握られていて肝心のパンがない。あたりを見渡すと、なんとゴミ箱にパンが見事に捨てられている。からだが勝手にパンを捨てたのだ。このからだは何をしているのだと、愕然とする。

これくらいのことであれば笑い話で済む。だが、こうした身体の裏切りにたびたび悩まされている学生も多い。風呂上りに鏡を見ると、四肢のいたるところに大きなアザができている（いったいどこでぶつけたのか?）。大切な場面でいつも腹痛が起こる（こんな時に限ってなぜ?）。何もない平坦な道でよく転ぶ（どうしたからだ?）……。こうした身体と生きてきた者たちがいる。

本章ではそうした身体の裏切りの一つである「離人」という体験を取り上げ、それを生きるための豊かさにつなげる方策を考える。

身体という事故

身体の事故ということで、昔からよく起こるのは、街中を歩いていると突然、周囲の音がすーっと消えていったかと思うと、雨も降っていないのに視野全体がブルーに染まり始めます。あーまずいなと思うのですが、その思いがよぎるとすぐに、身体に力がうまく入らず、歩くことも話すこともできなくなります。多分、すごい顔をしています。真っ青な世界のなかで動けないまま、とにかくじっと立ちすくむことで、この感覚が消えるのを待つことしか、今のところ方法がありません。片頭痛持ちなので、そのこととも関係があるのかもしれません。どうしたらいいでしょうか。

この学生のリアペは「身体の裏切り」をテーマにした講義のさいに提出されたものである。このテーマでは、毎年、実感とともに何が言われているのかが分かる学生と、皆目見当のつかない学生に見事に二分する。

この学生に起きているのは「離人」という不思議な体験の一種である。[1] 僕も中学生から大学生を終えるころまでこれに翻弄され、持て余していた時期がある。最近は少なくなったが、その記憶は今でも生々しく思い出せる。

この経験は、分からない人にはとことん分からない。実験心理学を研究している同僚もその一人で、学生がそのような訴えをしていてもほとんど理解できないという。自分にはマウス並みの経験しかなく、それ以外は知識として対処するよりないとのことだ。もし離人マウスを作り出すことができれば少しは理解できるのかもしれない。

フランスの現代哲学者、Ｊ・Ｐ・サルトルが書いた『嘔吐』という小説がある。この作品では後の章でも取り上げる「吐き気」がテーマとなっているが、そこに以下のような「身体」の記述がある。

私は机に投げだした自分の手を見る。それは生きている――それは私だ。手が開く。指が広がり伸びる。手は仰向けに寝て、脂ぎった腹を私に見せている。ひっくり返ったけだもののようだ。指、それはけだものの脚である。仰向けに落ちた蟹の脚のように、戯れに私は指を非常に速く動かしてみる。蟹は死んだ。脚がちぢんで、私の手の腹のほうにひきつる。私は爪を見る――それだけが私のもので生きていない(2)。

この記述は一体、何を伝えようとしているのか。

一読すると、ただ机の上で手のひらを自分に向け、閉じたり開いたり、指を素早く動かしているだけである。では、この「カニ」とは何か。腹を見せながらひっくり返ったカニが脚をバタバタさせてもがいている。このカニのもがきと指の動きが似ていることを伝えたいのだろうか。そうはいっても見ようによってはそう見える程度のものにすぎず、アナロジーにしてはどこか遠すぎる印象である。

そこで少し設定を変えてみる。砂浜を一人散歩していると、ふとひっくり返ったカニの死骸が足元に落ちていることに気づく。若干、気持ちが悪いなと思いながらも座り込んでよく見てみるとそれはカニではなく、砂にまみれた自分の手であった。私は砂浜にぽとんと落ちた自分の手をまじまじと見ていただけであることに気づき、愕然とする。**これが私の身体なのか、と。**

ここでは比喩や擬人といったレトリックが問題になっているのではない。**身体そのものが主体を揺るがす一つの事故となっている。**普段は透明になって動いてくれていた身体が何かおぞましいもの、奇妙なものになっている。それは存在し、生きており、私そのものであるが、私との関係がこれまでとは別様になってしまう。その瞬間、誰もが思考停止に陥り、当惑せざるをえない。

離人感と現実感消失症

アメリカの精神医学会が刊行しているDSM—Vという最新版の精神疾患マニュアルには、「解離性障害」と呼ばれる群がある。さらにそのなかに「離人感・現実感消失症」という小カテゴリーが存在する。

離人感とは「自らの考え、感情、感覚、身体、または行為について、非現実、離脱、または外部の傍観者である体験」であり、現実感消失とは「周囲にたいする非現実または離脱の体験」であると記されている。前者が「自分にたいする」、後者は「世界にたいする」現実感の変容である。

これだけだとまだピンとこない人が多いだろう。とはいえ、この離人という経験は成人になるまでの間にほぼ半数の人が一度くらいは経験すると言われる異常感覚なのだ。

そこには大きく分けて三つのモードがある。一つは「外の世界が生き生きと感じられない」**外界離人症**であり、二つ目は「自分で行為をしている実感がない」**内界離人症**、最後に「手足といった身体が自分のものであると感じられない」**身体離人症**である。サルトルのカニは、この最後のものだ。それぞれが複合的に錯綜し、どれかが前景化することで別のものが消失することもある。

以下はこうした離人体験に翻弄される学生の証言である。

離人体験、私は疲れて車の後部座席にいる時、しょっちゅう体験します。運転席と助手席とがいつもより三〇センチくらい遠のいた見た目で、でも手を伸ばしても絶対に届かない気持ちになります。家族の声がぼわっと聞こえてきて、思考回路にゲルが貼りついたように感覚が鈍くなります。身体全体の皮膚の表面が三センチくらい厚くなったような気がして、触るものがすべて遠くに思えます。自分は絶対その場にいるのに、魂だけがそこにぶわっと浮いているような、いないような感覚です。自分も世界も全部自分から離れています。

高校時代にそれらしき感覚を持っていた時期がありました。離人というのかどうかは分からないですが、自分の見ているものがすべて一枚膜の外にあるような、ピントのずれた写真を見ているような感覚で、人の話も全部表面を素通りしていってしまい、意味が入ってこず、困っていたのを思いだしました。

身体の感覚が急におかしくなる。手を洗っても水の温度がよく分からず、服を着替える時も、肌に布がこすれる感覚がいつもと違う。見えている空間の感覚もおかしくなって、遠近感が分からなくなる。まずいと思って、寝て天井を見ていると、すごく近くに感じるのに、天井についている電気だけはすごく遠くに感じるなど、世界の遠近感がめちゃくちゃになってしまう。また、空気の流れのようなものがはっきりと感じられ、体が浮くように軽くなったと感じたり、関節がゆるくなったと思ったり、いつもより小さな力で物を持っている感じがしたりする。

自分の身体がうまく感じられず、動いているのに動かしているという実感、重さの実感がごそっと抜け落ちてしまう。世界のなかに自分が位置しているという感覚が希薄になり、足を踏みしめても世界に弾力がない。世界の偽物感が漂い、匂いや味の感覚、物の触り心地も奇妙になる。

こうした感覚が頻繁に起きてしまう人たちがいる。多くの人はそのことを誰にも伝えない。僕もそうだった。由来が不明なこの感覚が人に伝わるとは思えなかったのである。

そのせいもあるのか、講義でこうした話をすると「まさかこの感覚に名前がついていたなんて」と驚き、安心する学生も多数いる。経験のある人間にはすぐに伝わるのだ。

問題は、どうすればこの経験を生きることの豊かさにつなげていけるのかである。

世界がシャットダウンする

これまで解離性の離人には、心的、身体的ストレスにたいする防衛の機能があると言われてきた。もともと人間の自己意識には、物事から距離をとる働きが強く関与している。

たとえばそれほど仲の良くない知人が長くつまらない話をしている場面を思いだしてみよう。早く話を切り上げたいのだが、単刀直入に伝えることもできない。

こうした場面で、うわべだけはよく話を聞き、「そうなんだ」と相槌《あいづち》をうちながら、頭のなかでは別のことを考えることができる。ここが外側の自分と内側の自分とが分離する自己意識の場所である。

この自己意識が働くさいには、外側のふるまいの制御と内側の思考の展開とが同時に起きている。もし内面の思考にあまりにも没頭してしまうと話している知人に気づかれ、「おい、聞いているのか」と指摘されることになる。思考への集中度がある値を超えると外的なふるまいがおろそかになる。だから自己意識には、心の余裕と冷静さが必要なのだ。

この余裕と冷静さが失われてしまうほどのストレス状況に投げ込まれると、自己意識そのものがぐちゃぐちゃになり、離人が襲ってくることがある。それは一見すると、確かにストレス状況から防衛的に逃避するかのようでもある。学生の証言を聞いてみよう。

私は昔からよく母に怒鳴られ、すごまれるのだが、そのさいに母の顔を見つめていると、彼女の顔が人間に見えなくなることがしばしばある。人間に見えないというか、彼女が目の前に存在していないかのような感覚だ。ただ、「あ、やばい、きた」と思って「母」を見ようとすると、母はそこにいるのだが、気を抜くとまた人間じゃなくなって、それが繰り返されて車に酔った時のような気持ち悪い感覚になる。

初めての人と話しているさいに、そのような感覚に陥る。自分の意識とは違う何かが勝手にべらべらと話しており、一方の「私」は「何を話しているのか」「誰と話しているのか」「私は何者なのか」が分からなくなり、そうした思考だけがくるくると回るのだ。そうしている間にも会話（というか一人喋り）はつづいていて、「どうしたの？」と相手から言われることもある。また就職活動の面接場面でも気づくと意識が宙に浮いて、何者でもない誰かが自分を支配しているように感じる時があった。極度の緊張や、その逆の気のゆるみとともに起こるような気がする。

前者の例では、うまく対処できない世界の現れ方がおかしくなり、母の顔が歪むか、母の顔ということの実感が失われていく。それは世界がシャットダウンする寸前である。後者では、外側でふるまっている自分の身体が、口が、私の制御から外れて動きだし、話しだしてしまう。

とはいえこの離人の厄介なところは、こうした世界の現れ方や身体感覚の異様さそのものというより、それらと同時に動き出す「恐怖」の感情である。学生が言う「やばい」という感触だ。

母の顔が歪み、人間とは思えない異形に変化してもそれが面白ければ笑えてしまう。しかしそうはならない。**怒鳴られているというストレス状況に釣り合う不快な感情の動きが一貫して継続している。**だからこのままではやばいし、怖いのだ。

ある離人体験の強い学生が僕の研究室を訪れ、話をしていた時のことだ。その学生が突然、

「ちょっと待ってください。あ、怖い、怖い」

と言い始めた。

「ちょっと……」

と言って手を挙げかけた途中で四肢の動きは止まり、顔はこわばり、視線はどこか焦点を定められないまま揺れ動いている。

「うん。分かった」

と僕は伝え、その場でしばらく黙っていると、

「あ、もう大丈夫です、すいません。ごめんなさい」

と何事もなかったようにもとに戻る。突発的に目の前の世界との関わりがおかしくなり、そのことへの恐怖が高まるのだという。「見えている世界が急に怖くなる」らしい。

その後も何度かそういうことがあったが、その間、僕はパソコンでメールを書いたり、書類に目を通しながら、その学生が戻ってくるのを待っていた。止まっている学生と、パタパタ仕事をしている僕。不思議な時間が流れていたが、そうしたことが阿吽《あうん》の呼吸のような連帯感にもなっていたのだと思う。

別の離人感が強い学生は、「以前、世界と身体との結びつきが本当に切れてしまったことがある」と言う[3]。その時の恐ろしさは言い表しようのないものだったらしい。何とかその結びつきを回復させるために学生はわざわざ雪山に入り、そこで裸になったことがあったとも言う。離人の感覚を回復させるために自傷行為に及ぶ者さえいる。

この離人においても感覚はそれとして成立している。ちゃんと見えるし、聞こえるし、動けるのだ。にもかかわらず、成立しているはずの感覚が、**世界に半歩届かない。世界の、私の、身体の実感**

だけが抜け落ちてしまう。この実感や感触が、神経学的に何を意味しているのかはほとんど分かっていないが、その核がゆらいでしまうと生きている感じまでもが変質し、辛いし、怖いのだ。

先にも述べたが、離人の感覚を持つ人の多くはこの経験に名前がついていることさえ知らない。そうした自分の経験に名前がつくだけで、次にその経験がやってきた時の対応力に変化が生まれる。身体の「裏切り」の度合いが変化するのである。

だから僕は、離人が強くて苦しんでいる学生には、その学生に応じた名前をつけるように言っている。「奴」でも「例の」でも「玉五郎」でも何でも構わない。そしてできれば、その名前を他人に共有してもらう。ある学生は「夜の奴」が「昼の奴」に変わりましたと嬉々として伝えてきた。それだけですでに局面は変化しつつある。

離人を手なずけるには

幼少期から虐待を受けてきた子どもたちのなかには、与えられる激しい痛みを無視し、記憶を消去する術を身につける者がいる。それは文字通り、生存をかけた戦いなのである。精神科医のJ・L・ハーマンが『心的外傷と回復』という著書のなかで、子どもが物語った解離状態について紹介している。

眼の焦点を何にも合わせないようにしてぼーっとものをみているとそうなるのです。これを「非現実」と呼んでいました。まず奥行知覚が消え去ります、何もかもが平べったく見え、何もかもが冷たく感じられます。自分は小っちゃな赤児みたいな感じでした。それから私の身体は空中に浮び上るのでした、気球のように。[4]

インタビューされた子どもは眼の焦点をぼかし、意識の明度を下げることで、痛みや記憶から距離を取り、その過酷なストレス状況をやり過ごすことができるという。ハーマンはこの離人性の解離からは、ストレス状況だけを引き受ける別の断片的人格が生まれることがあるとも指摘している。[5]

戦争やレイプ、虐待といった、PTSDを発症するほどの凄惨なストレス状況下において、離人はその人の最大の防衛戦略なのかもしれない。怒りに身を任せて相手に殴り掛かるさいにも感覚は鈍麻するが、自分の力では絶対にその状況を切り抜けられない時にも感覚は変容し、心が凍てつくのだ。

それに対して、これまで紹介した学生の事例では状況がそれほど過酷だとは思われない。むしろ防衛しなければならないほどの状況ではないのに離人に襲われて学生は困惑し、恐怖している。このような場合、うまく離人を手なづけることができれば、それに越したことはない。

確かに離人に襲われていると収拾のつかなさと恐怖がやってくる。しかし何度もそうした経験に遭遇していると、一定時間だけやりすごせば元の感覚が戻ってくることもつかめてくる。そうすると、おのずと自力でできることを模索する者たちが現れてくる。

私はよく世界が映画の舞台のような、架空のもののように感じて怖くなることがあり、そんな時は友達に何とか話しかけて、「ちゃんとあなたも私もここにいるよ」と手を握って声をかけてもらうと、少しずつ感覚が戻ってきます。今は、友人にいつでも渡せるようにその文章を書いたメモを持ち歩いています。

これはしっかりとした友人関係があり、目の前にそうした人がいる時に有効なやり方である。何が回復のきっかけになっているのかは不明だが、信頼の置ける人とのネットワークとコトバがけ、手を握るという触覚性感覚を活用する優れたやり方である。

しかしこれは、そうした友人がおらず、一人だとうまくいかない。そこで以下のような学生の例もある。

自分のなかにあるはずの「自己」の存在がふとした瞬間に突然揺らいでしまうことがよくある。洗面所で手を洗っている時や姿見の前に立っている時など、鏡を何となく見ている時に起きやすい。最初は顔が分からなくなり、名前が分からなくなり、どんどん自分のことが分からなくなり、いつしか「自己」の実感がなくなってしまう。そこから何分かその混乱状態がつづき、ある時、急に意識が戻ってくる。ものすごく突然、何の前触れもなく意識は戻る。

テストを受けている時や、ちょっとした緊張が必要な時にもよく起こるので、どうにかこの状況から意識的に抜け出せないかと高校のころから試行錯誤してきた。最初にやったのは、混乱状況でも動く指を見つけだして、その指を手の甲側に思いきり曲げることだ。すると、なぜだか分からないが、左手の小指の時だけ混乱を強制終了できることが分かった。これは痛みによるものだと思う。

また最近は、痛みのないやり方をと思っていろいろしているうちに、ＡＫＢ48の渡辺麻友さん（いわゆる「まゆゆ」）の姿を思い浮かべるとなぜか混乱を収めることができることが分かった。特別好きでも嫌いでもないまゆゆになぜ強制終了の力があるのかは自分でもまったく分からない。でも今はいくつかの解法があるし、それがうまくいかなくなれば、今後新しい解決法も見つかるかもしれないので、少し楽しみでもある。


指を反らせたり、小指の爪を手のひらに食い込ませたりすることで離人の混乱を回避できるのは、学生が分析するように痛みや身体の力の込め方を変えることがきっかけになっているように思える。しかし、まゆゆの顔にどのような力があるのかはまったくもって不明だ。まゆゆの顔立ちが持つ非の打ちどころのない端正さやその過剰さのようなものだろうか。あるいはそのイメージを思い起こし、それへと注意を集中するという認知的操作が関わっているのか。

知り合いの精神科医に相談すると戦前の女優の原節子の顔にもそのような役割があり、あの顔が当時の民衆の緊張を鎮め、安定化をもたらしていたはずだと言うのだが、今回の事例にはアタマを悩ませるばかりだった。

とはいえ、一度、ある心的イメージが異常感覚からの回復に役立つことが分かれば離人という体験から自在さが取り戻され、心の冷静ささえも失わずに済むことになる。しかもそのようにうまく手なづけられれば、それを武器にすることさえもできる。

武器としての離人

文学作品などを読んでいても、離人の感覚を持っていそうな作家が何となく分かってくる。真意は分からないが、読んでいるこちら側の感覚がざわつかされる文章がある。たとえばカフカやドストエフスキー、村上春樹のように、表現や作風にどんな違いがあってもそうした感覚が伝わってくることがある。読んでいて経験や感覚がかきまぜられるようで、混乱するのだ。最近で言えば芥川賞を受賞した川上未映子の作品がそうである。

たとえば次の二つの引用は彼女の異なる小説からのものだが、歯科治療と女風呂、それぞれの主人公が感じた経験の変容の記述として読める。

それに比べてわたしのほうでは人に口の中を見せるということが初めてのことやし、わたしは初めてのことが続いて興奮してて、その波打ちに合わせて目の前の医師の頭だけが少しずつ少しずつ小さくなっていって、仕舞いにはグレープフルーツぐらいの大きさになってゆくのやったから、ああ、これやったら入ります。医師の頭がわたしの口の粘膜に密着してすっぽりと奥までおさまったその瞬間、医師の頭の先っぽがわたしの奥歯にあたって、ある達成がどんときらめいたような気がしたんですが、それは激しくもあまりにも短くてよくわからないものでした。(6)

肌色の分量がとても多く、この裸の現場においては、普段ならかなりの割り合いで識別の重みを持つ顔、という部位がとんとうすれ、ここでは体自体が歩き、体自体が喋り、体自体が意思をもち、ひとつひとつの動作の中央には体しかないように見えてくるのやった。わたしはそれを思いながら行き来する女々の体を追ってると、よくあるあの、漢字などの、書きすぎ・見すぎなどで突如襲われる未視感というのか、ひらがななどでも、「い」を書き続け・見続けたりすると、ある点において「これ、ほんまに、いぃ？」と定点決まり切らぬようになってしまうあの感じ、今の場合は、わたしの目に女々の体がそうなってきており、だいたいなぜあそこが膨らみ、なぜ一番てっぺんに黒いものが生えており、しゅるっとなってこのフォルム、そしてなぜここでだらりんと二本でなぜ足はあのような角度で曲がってこんな具合をしているのかの隅々を、見失ったというか改めて発見したというかの状態になって、その改めて感から抜け出せぬような予感におそわれ端的にぞわりとおそろしくなり、「ま、巻ちゃんは、さっきから何を見てるの」と声をかければ、「え、胸」と即座に答えた。(7)

途切れることのない関西弁の音韻とリズムからなる文体が経験の変容に浸透しながら、みずみずしくもおぞましい、美しい文章として結実している。窒息しそうで、目が回りそうな呼気の長さが、どこか心地よさとも釣り合ってしまう。

離人が一つの表現になってしまうのだなと素直に感嘆する。しかも見知っているはずのひらがなや漢字が、それとしての実感を失ってしまう知覚対象の「ゲシュタルト崩壊」にはとどまらず、世界というゲシュタルトが揺れ動いてしまっている。

さらに、芦田みゆきという離人的感性の強烈さを自覚する詩人の詩は、おそらく誰が読んでも一度目はうまく理解できない。繰り返し読み込んでいるうちに、読み手の思考と感覚のリズムが速度を落とし始め、その先で凪《なぎ》のような静けさに出会うことができる。

そこにはもはや感覚のざわつきがない。**動物的で、拙速で、肉を感じさせるざわつきがない**。怖いくらい静かである。そしてその静けさのなかで繰り広げられる、離人の空間がある。

皮フに切れ目を入れる
石を掻き出すために
その時
皮フの裏側で夜がはじまる
とても静かな場所
ここに住まうのは
場所をもたない者たちばかりだ
彼らはずっとここにいたかのように
ベンチに腰掛け
どこを見るのかわからない瞳で
時々動き、時々食べ、眠った（「皮フの風景」より）[8]

皮膚の裏には石があり、夜がある。限りなく無機的であると同時に、限りなく静かである。そうした空間は、そこに身を置いた者でなければ分からない。

芦田の詩集である『楔状の記号』（一九九〇年）、『草の円柱』（一九九三年）、『ミドリとハエの憂鬱』（二〇〇二年）の三作品を貫いているのが、速度も形態も重さも、動物とは異なる植物性の静けさである。たとえるなら、双葉が人知れず自分の種の殻をゆっくりもったりと持ち上げる、そのかすかな運動が作り出す空間である。そこには欲望に彩られた肉体も人格もない。そのもっと手前の世界だ。

もう一つ、芦田の詩を引こう。


顔をあげる。

食卓にハエが群がっている。南仏の午後は、水玉模様のようだ。ここのハエはとても乾いていて、まるで空気中に空けられた穴のように見える。物質を吸ったり吐いたりする穴。水を集め、消失させる穴。再び水滴として排出する穴。

食卓のハエを数えることは不可能だ。中央でじっとこちらを見返す一匹。一直線に飛びつづける一匹。部屋の辺境を巡る、うんざりするほどのたくさんのハエ。一匹二匹三匹……それらは恐ろしい速さで飛び、増殖し、あるいは止まり、痙攣し、消滅する。ハエはどこへでも飛んでいく。空、他者の頬、モニターの中、広場、人口の草原……。

それはハエなのだろうか？

ハエは昆虫のハエではなく、手に触れられるものでもない。確かな形体をもたず、部分もまたもっていない。分解も組み立てもできないひとつの塊である。とても密度が高く、同時に背景からの欠落としかいえないような点。紐状のギャップを結わいた結び目。ある時、私はそれを「ハエ」という名称で呼んだ。そのような約束、私が「ハエ」と認識しているそれが、少しずつ変容していく。（「南仏の午後」より）[9]

風通しの良い部屋の空間内をハエが飛んでいるのではない。空間そのものが呼吸する穴によって水玉化する。ハエの黒なのか、黒の穴なのか、空間のほうが無数の穴の呼吸に応じて凝縮したり、発散したりする。そこには主体も身体も対象もない。こんな経験は、普通はできない。

しかし芦田は一五歳の冬から、このハエとの関わりを続けてきたという。虫なのか、ハエなのか、黒なのか、穴なのか。そのようなものと生き続けてきたという。いつでも「ハエは裂け目の中央にいる」のだ。

芦田はまた、そのことと離人を正確に関係づけている。「離人症という状態は生と死とのいわば中間にあるもの、しかも生よりはむしろ死の方への傾斜をもったものだと言えると思う。それはいわば肉体の死をも伴わず、精神の死をも伴わない、純粋な自我の死である」[10]と。

両刃《もろは》としての離人。それは生と死の微妙な境界線、その上を転がる球のように芦田を翻弄する。しかしその他方で、誰にも表現できない詩のコトバと生きることを運んできてくれるのも、その離人なのである。

かつて寺山修司は詩人にとっての肉体の役割の大きさに気づき、それを強調していたが、芦田にとっても**詩作とは肉体を回復させること**であった。そのことを芦田も深く自覚している。

生きていて詩を書いたのではなく、詩を書いていて、結果生きていたのだ。私の重い肉体。立ち上がるのも、どこかへ歩きだすのも困難なほど、運動の意図を見失った肉体。私は自分のからだがそのような肉体ではなく、詩によって造られたものとなることを願っていた。この肉体は文房具に過ぎず、詩の自在さの微塵もないように思われた。(11)

芦田は『ミドリとハエの憂鬱』以降、詩を書いてはいない。最近は、写真作品を制作して発表している。見失われている肉体を回復させる試みは、いよいよ次の局面に入ったのだ。

離人に翻弄されている学生には、この芦田の詩を手渡すようにしている。すっと分かる学生もいれば、自分とはどこか違うという学生もいる。それでいいのだ。

違いにひっかかる学生には、詩でも絵画でもアニメでも構わないから、自分の離人を表現してもらうように提案している。この当事者的実験精神こそが魂の厚みとなっていくのだ。

第4章 ひとは「嘔吐」する

ギリシア様式の清らかな裸体の像を見ると、
私はいつも吐き気を感じる。

ニーチェ『遺された断想』

　容姿の醜さや美の過小をきっかけとした過食嘔吐に苦しむ人の大半は女性である。ここには「性」という独特の経験と、それに裏打ちされた心の安定化の仕組みがある。キモイものへの吐き気は健全さの証でもあるが、自分がそのキモイ対象になってしまったらと考えると、ぞっとする。吐き出さねばならない。でも自分を吐き出すことなどできるのだろうか。

　食べるということは、本来いつでも命がけである。それは嚥下という、いったん呼吸を止め、食道にものを流し、それを通じて自分と外的なものとを同化させる行為だからだ。同化を許容できないものは吐き出さざるをえない。

　本章の主題はこの「吐き気」と「吐き出すこと」である。多くの女性が美とキモさの観点から、自分の身体への吐き気を感じ取る。そこから始まるのが各種ダイエットであり、その度が過ぎると摂食障害にいたる。

　過食嘔吐に苦しんでいる学生のなかには、吐き出すという行為のなかに、濃密さの違いや練度の高まりを感じ取れる者がいる。嘔吐の玄人化は、反復するなかで起きていく。この嘔吐に釣り合うほどの経験を見つけるのはとても難しいが、それでもたとえば嘔吐するスパンの調整や吐き出す体液の種類の複数化ができるだけで、繰り返し吐いてしまう自分から徐々に距離をとることもできる。

健全な吐き気

「身体の癖と習慣」についての講義では、こんな告白が出てくる。

高校の頃から、食べたものを吐き出すことは、癖になっていました。私には姉がいて、姉は銀座のクラブで水商売をしています。姉はお酒が強いのですが、同伴やらアフターがある時には、日に何度もリバースするそうです。そうしないと体がもたず、やってられないそうです。それを聞いていたからか、私も美容のために吐くようになりました。でも最近はもう、無性に吐きたくなって吐きます。嫌なことがあったり、気分的にすっきりしない時、何もかも吐いてリセットします。誰にも言ったことがありませんが、実は気持ちがいいところもあります。

最近の学生は、哲学科でも心理学科でも、外見に気を遣う人がやたらと多い。こぎれいで小洒落た学生が増えたと素直に思う。そして、そうした華やかな見かけの背後では見えないところでの努力や苦しみもあり、そうした辛さが蓄積すれば、誰でも何もかもを吐き出したくなるものだ。

日頃の溜まりに溜まった思いを気の置けない仲間に吐き出し、ぶちまけることは気持ちがよい。これを「グチ」という。グチは不思議な効用を持っている。

バイトの上司が嫌いだ、仕事を辞めたい、友人が臭い、同僚がキモイといったことを延々と話しつづける。それを聞く側は、ただ黙って「うん、うん、そうなんだ」といった相槌をうつ。そしてそれだけでよい。これが「グチ」の原場面である。

だから、聴き手が上司の嫌な部分を変えるための戦略や身の守り方、会社を辞めるさいの離職手続きのアドバイスをすることは余計なことである。「グチ」においては、それへの反論や解決策さえも求められてはいない。ただただ言いたいのだから、ただただ聞けばよい。グチを語る者はそれだけで難儀な局面をすっと脱け出してしまうことがある。

その意味ではグチを、こう考えることもできる。**日々の生活のなかで込み上げてくる吐き気に促されて、コトバを嘔吐することだ、**と。溜飲を下げるとはよく言ったものである。消化不良のまま溜め込むことは、胸焼けや吐き気につながる。

吐き気を、思考を練り上げるためのビタミン剤にしていたニーチェも、沈黙より、汚く乱暴なコトバを吐き出すことを推奨している。

沈黙したままでいる連中は、ほとんど常に、心のこまやかさと礼儀に欠けているのである。沈黙は抗弁の一種なのだ。言いたいことを飲み下してしまうのは、必然的に性格を悪くする——それは胃をさえ悪くする。沈黙家はみな消化不良にかかっている。[1]

ベンヤミン研究者および美学研究者として精力的に活動しているW・メニングハウスは『吐き気』という大著のなかで、大哲学者のカントが子どもの教育では「憎しみへの嫌悪」ではなく、「吐き気を催すものへの嫌悪」を教育するよう勧めていると指摘する。[2] カントは述べる。

人はまた、汚物にたいする吐き気がただ教養のある諸国民においてのみあることがわかる。教養のない諸国民は、汚物を目の当たりにしてもまったく憂慮しない。清潔さは人間のきわめて偉大なる教養を証明している(3)。

吐き気による嫌悪は教養の高さの証明に一役買うというのだ。ある対象への吐き気は、その後に誘発される行為の系列が、憎しみとは異なる。憎しみはそれが向かう対象を攻撃し、根絶させるよう僕たちを誘導するが、吐き気の誘因に対して僕たちは、それを忌避し、目を逸らし、近寄らないよう細心の注意を払うだけである。

吐き気には粗暴な攻撃性がない。メニングハウスはこうカントを解釈することで、「吐き気の本性とは、文明化することだ」とも述べている(4)。

とはいえここから一気に、グチを吐きまくる人たちが教養の高い人間だという話には当然ならない。むしろカントが考えているのは、人間の尊厳に抵触することや美を損なうものに対して吐き気はセンサーの役割を担うことができ、そのようなセンサーが発動するよう、人間は子どものうちから教育されるべきだという話である。吐き気の精度は「教育の結果」であって逆ではない。

そもそも**吐き気には寛容の度合いが少ない**。ドイツ語の吐き気を意味するEkelの形容詞であるekligやekelhaftは、日本語に訳すと「気持ちが悪い」、すなわち「キモイ」である。このキモサは物事の真偽を超えた強い拒絶につながる感情である。僕たちは成人になるにつれ、キモイ対象を増大させる。それらは増えることはあっても減ることはそうない。

そう思うと、確かに吐き気は人間として生きるうえでの重要な機能に見えてくる。しかし問題は、この吐き気や嘔吐が過剰に働くことで逆にみずからを苦しめてしまう人々が少なからずいるということだ。

吐き気をもたらすもの

今、目の前に洗面器が置かれている。ここで突然、吐いてみてほしいと言われて実行できる人はどのくらいいるだろうか。胃のなかのものすべてを吐き出すことはできるだろうか。

ノロウイルスにかかり、便器をかかえて吐きつづける夜を過ごしたことがある。吐き気は就寝していても突発的に襲いかかってくる。便器に顔をうずめて口を開くと同時に消化物が食道から込み上げて吐き出される。涙も鼻水も出てきてごっちゃになる。いわれなき嘔吐は体力を奪い、脱水させ、人を不安にする。だから嘔吐の手前にとどまらねばならない。

嘔吐の手前の吐き気はどこで感じられるのか。ここでもカントが登場する。彼は、吐き気はどこかの感覚器に限定される感覚ではなく、感官が定まらない「**生命感覚**」だと言う[5]。

嗅覚と味覚が吐き気の入り口だとしても、吐き気それじたいは身体全体を突き抜け、痺れさせる強烈な生命感覚である。カントによれば「美」と「崇高」の感覚と「吐き気」は、「**生命感覚**」に由来する。**親密な受け入れの対極にある絶対的な拒絶、それこそが吐き気である。**

吐き気、つまり食べたものを食道の最短経路をたどって外に吐き出す（嘔吐する）という刺激衝動が一種の強烈な生命感覚として人間にもあてがわれているのだが、それはこの親密な摂取が〔中略〕危険となりうるからである。(6)

吐き気は、精神的な意味であれ、身体的な意味であれ、対象と同化できないことの裏返しである。それに対して美は、その対象と同化するよう僕たちを促し、崇高は感性を超え出る理念との関係を強要する。

高貴な詩人でありつづけることを望んだヘルダーとレッシングが、吐き気のする事例として取り上げたのが他人の鼻汁と、それを別の人が啜《すす》り取ることである。この吐き気はカントにも共有されており、現代の僕たちにも通底している。

その意味で吐き気は、拒絶の「対象」を指定する。漏れ出す鼻汁や痰《たん》、膿、吐《と》瀉物《しゃぶつ》といった粘着性の液体は生命の腐敗現象をイメージさせる。それゆえこの「腐敗」現象を**吐き気の原対象**とする研究者もいる。(7)

そして、この原対象を連想させるものに過度に反応してしまうことが「**嘔吐恐怖症**」と呼ばれる。ある学生はリアペで語る。

私は嘔吐に関して過度に敏感である。駅のホームなどに吐瀉物が残されているが、それを一度目撃してしまうと、後日きれいに処理されていたとしても、その場所を通るたびにあの記憶がよみがえり、何度でも嫌な思いをする。さらに吐いている人を目撃した時は、足早にその場を立ち去っても震えが止まらず、しばらくしてもその残像が頭に残り、夜眠れなくなることすらある。赤ん坊がミルクを戻した時も、周囲の人々は「あらら」といって笑っていられるなか、私一人が青ざめてしまう。酔っぱらっている人からは距離を取るし、咳き込んでいる人がいるだけで鳥肌が立ち、居酒屋ではトイレにいかないようにしている。つまり、私にとっては嘔吐、それに関連したものと接触することが当惑体験となり、事故となる。

駅のホームや飲み屋の前の吐瀉物。そのおぞましさは誰もが分かる。「貰いゲロ」という呼称もあることから、そうした対象を目撃し、その汚臭を嗅《か》いでしまうだけで吐き気を催すことはごく普通のことだ。進化的にも人間はそうした対象には近づかない方が賢明だとメカニズム化されている可能性もある。

にもかかわらず、この学生はどこか過剰である。この過剰さへの怯《おび》えがさらに吐き気を増進させる。咳き込む人や赤ん坊が吐き出すミルクにいたるまで吐き気の関連対象のネットワークが広げられ、さらにはそうした対象の空間位置をマーキングするように注意と記憶が組織されてしまう。

カントは述べていた。「〔吐き気を感じる〕生命感官が〔感覚〕印象に対して敏感であればあるほど〔過敏かつ神経質であるほど〕、人間は不幸である。〔中略〕反対に平然としていられればいられるほど、人間は幸せである」[8]と。

バランスの難しいところだ。吐き気が度を過ぎ何にでも反応するセンサーになると、それは役に立たないどころか人を不幸にまでする。この過剰さを組織し直すことはできるのだろうか。

吐き気を覚えて人間になる

動物にも吐き気があるのかを考えてみる。嘔吐する動物は数多いが、嘔吐の前に吐き気を感じているのかどうかは別問題である。

ウサギのように嘔吐反射がないため吐けない動物がいる他方で、咀嚼《そしやく》した食物を吐き出し、子どもに分け与える動物もいる。ネズミも吐くことはできないが、嘔吐誘発剤を与えると普段は食べない土や毛のようなものを食べる異食行動（パイカ行動）を起こす[9]。

犬も時折、胃のむかつきを抑える漢方的な役割でも期待しているのか、あるいは胃の内容物をとにかく押し出して排泄しようとしているのか無性に草を食べつづけ、しまいに嘔吐することがある。そのかぎりで消化器系の機能不全による吐き気やムカつきは、動物にもあるようだ。

しかし**人間は、この吐き気の感覚を人や対象、物事へと投射し、過度に拡張していく**。それに対して犬や猫は、人間であれば吐き気を催すような糞便や吐瀉物、腐敗物を前にしても吐き気を感じているようには見えない。幼児も特段、糞便や汚いものを嫌うことはない。だとすれば吐き気の対象はやはり生理、生物的なものを超えて、人間社会が獲得し、拡張してきた人工的なものではないかという気がしてくる。

カントと同様、精神分析の創始者である**フロイトも、吐き気を、文明化された人間が内にある野蛮な性的欲望を抑圧するために開発した装置の一種と見なしている**[10]。

糞便、腐敗したもの、肛門、性器、近親相姦、獣姦。これらのものは、本来、人間の否定しえない性的な快の対象であり、こうした快が作動してしまわないよう、**人間はそれらへの吐き気を調教する**

ことで人間になる、とフロイトは考えている。

フロイトにとっての吐き気は、抑圧されておくべき欲望に本人が気づかないための防衛機制の一種だ。そしてこの防衛は時に、本来はどうでもよいものにまで拡張されることがある。学生にとってのの赤ん坊のゲップや人の咳き込みがそうだ。この拡張された吐き気は、最大の快楽をもたらすはずのものから目をそらすために何重ものロックをかけていることになる。だからリアペの学生は絶対に認めないだろう。吐き気の対象が実は、快楽の対象なのだとは……。

子どもは本来、「多形倒錯」であるとフロイトは述べている。つまり子どもは性的なものにだけ快楽を感じるのではなく、どんなものに対しても性器的な快楽を感じることができると言う。その快楽を抑え込むために、教育的に吐き気が用いられる。場合によってはその効果が、本来はどうでもよい対象にまで波及し、過剰反応として現れることもある。

どうでもよいキモイ対象と、隠された本性的真実。このミッシングリンクを埋めるために精神分析のコトバが面目躍如とする。フロイトがさまざまな神経症（ヒステリー、強迫神経症）のタイプを見出すことができたのもそのためだ。

とはいえカントとフロイトが言うように、この吐き気センサーが人間特有のこととして事後的に構築されてきたのだとすれば、**吐き気と吐き気を誘発する対象のネットワークの間には大きな隙間があることになる。**

たとえばもんじゃ焼きは、どこからゲロになるのか。カレーライスのルーの色の濃さは、どこから排泄物になってしまうのか。もんじゃ焼きを「ゲロ、ゲロ、ゲロ」と言って見ていると、どうもそれらしくなってくる。逆に、ゲロをもんじゃ焼きに変えることもできる。嗅覚の問題ももちろんあるが、それでもこの移行ゾーンには相当な任意性があるように思える。

フロイトは言う。何が吐き気の対象になるのかには、「内的な快感の源泉を内的な吐き気の源泉に変える[11]」ための神経症的な戦略の多様性があるだけだ、と。

つまり関係のないものにまで吐き気を拡張して吐き気という木の葉の森をつくりだし、そこに快感の源泉をそっと隠すことで、どの吐き気の裏に快楽の源泉があるのか、その対応関係を混乱させてしまう。それによって、本人の経験ははからずも安定するのだ。単純に言えば「キモイ」対象に怯えて暮らすことが、その当人の心の安定に寄与していることになる。

仮にこれが本当だとすれば、嘔吐恐怖症のような吐き気の過剰作動には修正や訂正の余地が必ずある。とはいえ、そう簡単にはいかない特殊な事情もありそうだ。

かぐや姫の戦略

上述の学生には、同化することも許容することもできない対象や物事がかなり多く存在し、吐き気はそれらにたいする防衛となっている。それがそのまま学生の息苦しさを増幅させる。それゆえ吐き気につながる手前で、自分で許容できるもののネットワークを広げていくことが何よりも大切になる。

ただしここには、別のより根の深い問題も隠されている。同化を許容することが、人生の重大な帰結につながることが多いのは、とりわけ女性のように思える。その最たるものが妊娠、出産である。

自己の代謝のために食物を同化するのではなく、自分のではない遺伝子を含んだ一個の別の生命との同化を許容しなければならない。**妊娠はいつでも一つの事故である。**

竹から生まれたかぐや姫は五人の求婚相手に無理難題をもちかけることで彼らをすべて拒絶し、帝でさえも拒絶している。最終的には汚れた地上から逃れるために、かぐやは天に帰っていく。(12)『竹取物語』の解釈には諸説あるが、ここには**性選択の否応なさ**が見え隠れしている。

自然界の動物たちの多くは、メスがオスを選別する。豪華な模様で着飾り、多彩な踊りを身につけてアピールするのはオスであってメスではない。人間の精子のほぼ一〇〇パーセントは卵子にたどり着く前に膣内の酸にやられて死滅する。その過酷な試練を乗り越えたものだけが、卵子との同化を許される。

その意味でも、**女性という性はあくまで選別する側であり、選別される側ではない**というのが、進化上の正当なあり方のように思える。

にもかかわらず、文明化された社会における女性は自分と同化するための選別基準を、かぐやのように張り巡らせることができない。むしろみずからが選ばれるための社会要請にその都度、応えるよう強いられることのほうが多いのではないか。

それは一八世紀のカントが生きた時代でも変わらない。彼の慧眼《けいがん》はここでも群を抜いている。女性は選ぶのではなく、逆に選ばれるために、男性以上に**自分自身が吐き気の対象になるリスク**を回避するようふるまわなくてはならないと言う。(13)自分が誰かにとってのキモイ対象にならないよう、過敏にならざるをえないのだ、と。

カントの時代においてさえそうだったとすれば、嘔吐恐怖症の人のようにみずからが、汚れ、吐き気の対象になってしまわないよう過度に自分を清潔に保つ傾向が現れるのも無理はないことだろう。そして一度作られてしまった吐き気の対象のネットワークは必然的なものではないのに、本人にとっての強固な制約となる。

だからこそ、許容できるものをみずからで選別、拡張することで吐き気の対象ネットワークを再度組織していければ、それはある意味で、もう一度人間に、あるいは女性になりゆくことにもなる。

吐き気を学び直すなかで、再び人間になる。何気ない吐き気が、人間を作るという壮大な課題である。困難は伴うが、決して無理ではない。

美の皮肉と吐きつづけるもの

自分が吐き気の対象となることを避けるための戦略は、大きく分けて二つある。一つが、汚れたものから過度に距離を取ること（嘔吐恐怖症）であり、もう一つが汚れたものを永遠に吐きつづけること（嘔吐を伴う拒食症）である。

大量に食べては嘔吐を繰り返す過食嘔吐、あるいは食物の摂取を継続して拒絶する無食欲からなる摂食障害患者のほとんどは、女性である。

体重が二〇キロ近くにまで落ち、さまざまな身体合併症で身の危険が迫っても治療を拒否する患者が多数いる。[14] そのきっかけはさまざまであるにしても、その後に反復される思考や行為はどれも似通ったものとなる。

自分の容姿の至らなさを克服しようとするダイエットは、時に目標体重を過ぎても止まらず、過剰な嘔吐行為の反復にいたる。

以下は、一人の女子学生の告白である。

小学五年のころにいじめを経験した。六月の半ばごろから、クラスメイトから私の存在が無視されるようになった。原因はさっぱり分からず、ひどく混乱したのを覚えている。そのうち朝学校に行こうとすると、腹痛がするようになり、学校に通えなくなる。親も、とても混乱していた。最初は叱って無理やり行かせようとしていたが、少ししてから、母は、私が学校に行けないのは悪い霊がついているためだという友人の言葉を信じ、私はお祓《はら》いにも連れて行かれた。私はそのことでさらに混乱し、霊に常に見張られていると思い込み、そのことを両親に訴えると、今度は精神病院に連れて行かれた。

事態はどんどん悪くなったが、その原因はさっぱり分からないままだった。そのうち、私は自分が悪いのだと思い込むようになった。私は人から好かれたり、受け入れられたりしてもらえない存在なのだ、だから少しでも人に好かれるようにならなくてはいけないと思っていたのを覚えている。そして、今より少しでも容姿がよくなれば人から好かれるのではないか、小学生では美容整形を受けることはできないが、ダイエットはできると思い立ち、私は食事をとらなくなった。私は、経験によって変化し、解体され、作り替えられたのだ。

中学のクラスも非常に雰囲気が悪く、私はとにかく問題に巻き込まれないように、自分を改善させようと思った。勉強を頑張り、自分の意見を誰にも言わずにいつでもニコニコする「いい子」の仮面をかぶり、再び過剰なダイエットを始めた。そのうち、このダイエットは、拒食、過食、過食嘔吐と姿を変えていくことになる。

大学に入ってからも過食嘔吐は続いている。慣れない生活や人間関係に対して過剰にうまくやろうとし過ぎたためか、過食嘔吐はどんどん悪化していった。何か問題が起こると、自分を責めることを止められず、そのことが過食嘔吐に拍車をかけることになる。そして、嘔吐ばかりする自分を責める気持ちがさらなる過食嘔吐を生み出す。私は次第に学校に行かず、ひたすら家にこもって食べて吐くことだけを繰り返すという生活をつづけるようになっていた。行き場のないストレスや感情を、嘔吐を通じて紛らわすようになった。

きっかけはいじめだったのかもしれない。悪霊に見張られ、人に好かれず、腹痛も治まらない自分自身を変えるために、学生は嘔吐することを選択する。自分自身への吐き気を掻き消すために吐くのである。

とはいえ、学生はそのことが新しい自分に成り行くための近道ではないことにもどこかで気づいている。つまり容姿を良くするために吐いていたはずが、自らの安定をその都度、維持するための嘔吐に取って代わられていることにも気づいている。これは皮肉である。しかも吐き続ける自分への吐き気に促されて嘔吐するという二重の皮肉だ。

この皮肉、すなわち「アイロニー」を美学や哲学における技法として発見したのが、カントを含む、一八世紀中葉のロマン派の詩人や文学者たちである。メニングハウスによれば、美学理論における**アイロニーは、完成された美、美しすぎるものに対して吐き気を催すこと**と関連があるという。美が完全に飽満し、甘美さが過剰になることは、逆説的に、吐き気につながるというのだ。どういうことか。

ほど良い甘さのコーヒーに角砂糖をさらに三つ投入して飲むさいの甘ったるさ、華やかなドレスをまとう女性が男性に比べて圧倒的に多いパーティの演出の過剰さが、例として挙げられる[15]。あまりにも均整が取れ、美しすぎる顔にもどこか気持ち悪さ、不気味さがともなう。ニーチェのコトバで言えばアポロン的なものへの吐き気だ。美しいもの、甘いもの、性的快楽は、過剰になると吐き気に反転する。

そこで初期ロマン派の詩人たちは、美が飽満にいたる手前にとどまるための戦略を発見する。それが反省を通じた「アイロニー」であり、「美の無限性と完結不可能性」である。

「美」が何であるのかを知るには、美しいと思われるものに知的な反省を加えねばならない。とはいえ反省された美はその自体性を奪われ、欠落した美となる。そこでまた美を取り戻す新たな反省が必要になる。この試みは以下、永遠に続く。そしてそのように無限に完結できないというアイロニーが、「完全な飽満ゆえの吐き気にたいする抗嘔吐剤[16]」になるというのだ。

彼らが発見したこの道具立ては、おそらく彼らのメンタリティも貫いていたのだろう。というのも、このモデルは美学にとどまらず、人間の経験の安定化をもたらす、良い意味でも悪い意味でも優れたモデルだからだ。

その格言はこうだ。

「味わい尽くしてはいけない」

あるいは、

「到達目標には決して到達してはならない」

どんなに美味しいものも食べ過ぎればうんざりするし、美しいもの、欲しいものも手に入れた途端、落胆に変わることは誰もが経験することだ。したがってその手前で、到達できなさの無限の回路に入り込まねばならない。この回路に入り込むことで、皮肉にも経験は安定する。

美の手前で美へと向かって吐きつづけること。吐きつづけるかぎり、それは美として完結することがない。というより完結しても吐き気、しなくても吐き気なのだから、吐き気の無限化に住み込むことである。これほどの皮肉があるだろうか。

医学部生のころから過食嘔吐を繰り返し、現在、精神科医として勤務しているまさきまほこは、以下のように述べている。


痩せていくというその過程に魅了され、依存し、降りられなくなっていた。毎日鏡の前でウエストや太ももの厚みをチェックした。減っていく数字。目に見える達成感。たまっていくお金。周囲から心配してもらえるという安心感。痩せているという優越感。「まだいける」無限に思える自分の力。生まれて初めて手にした、自分を支配し、コントロールできているという感覚。解放感で心はいっぱいだった。思い通りにできた初めてのこと。誰にも渡さない。もう誰にも、私を支配させたり、操作させたりなんてさせない。[17]

体重が減るというプロセスにともなう万能感やセルフ・コントロール感の増大が、さらなる嘔吐へと駆り立てていく。先に挙げた学生の事例も同様に、終わらないし、終われない目的に向かって真摯に進んでいく。みずからを罰しつつ、罰している優越感を実感しながら、嘔吐が繰り返される。自傷行為と同様、ここでも反復を通じた疑似的な心の安定系が作られている。

最初は、水着を着られるように、彼氏ができるように、顔のまるみを抑えるようにといった体型を改善する些細なきっかけで始めた嘔吐であったとしても、いつしかこの終われない回路に入ってしまうことがある。**吐くことと、自分を作り出すことが一つになってしまい、吐くことを通じてその都度、自分自身を取り戻すのである。**

さらに一切の社会的、対人関係的ストレスを吐き出す行為で代償する。しかもそれが固有な陶酔感で裏打ちされてしまえば、当初の美にたいする目標は、本人も気づかないまま形式的なお題目にすぎなくなる。

本人は当初の目的に向かっていると堅く信じながらも、本人の経験は目標の手前にとどまらないと安定しないのである。あるいは目標を通り過ぎても、そのことを吟味する手立てが当人の意識から欠落する。皮肉の網目が何重にも編み合わされることで、過食嘔吐の反復は成立する。

倦怠とユーモア

とはいえこの皮肉、アイロニーにはとっておきの、もう一つの役割がある。繰り返し嘔吐する自分に吐き気がするという皮肉のなかには、自分を笑い飛ばすための余白、ユーモアの隙間を作り出すチャンスがある。あるいは吐くことで自己の残余を取り戻しているのだから、その残余から新たに出発することができる。学生のなかには以下のような告白をする者がいる。

私は、嘔吐を何度も繰り返すうちに、どんどんうまくなり、先生の言うようにプロになった感覚がある。吐きダコもできてコツがつかめてくると、便器を見下ろして、反射神経を刺激するよう集中することで、自然に吐けるようになった。吐いた後も、ただスッキリするだけで、そんなに消耗することもない。食道を上がってくる食べ物がどんな状態なのかによっても吐きやすさ、吐きにくさがあり（ゴロゴロしていると大変だけど、消化されると太るから難しい）、今は「吐き時！」といったタイミングも分かる。いつしか私も成長していたのかもしれない。

これが悦ばしいことなのかどうかは微妙である。だが、どこか少し笑えてしまう余裕がある。吐いてしまう自分から、その深刻さから、距離が取れ始めている。

この学生には、一度吐いてから次に吐くまでのタイムスパンを調整できるのかを確認してみたことがある。つまり今後二週間は一度も吐くことがないよう、今週の一回で全力で濃密な嘔吐をすることができるのか、尋ねてみたのである。

すると、突発的なストレス要因に左右されることがあるため簡単ではないが、少しずつ吐く回数を減らすようスパンの調整ができつつあるという。

学生が言うには、**笑い転げて体中が痺れる感覚と、嘔吐後の身体の脱力感には、どこか近いものがあるらしい**。僕自身、ノロウイルスで吐き続けたことがあるのは先述の通りだが、そのさいはこうまで嘔吐が止まらない自分に笑えてしまったものだった。真夜中、嗚咽《おえつ》しながら深夜の便器を枕にして空笑する自分の姿のシュールさが、さらなる笑いを引き起こす。

それと似て、嘔吐しながらもそのことを笑える学生にはまだ強さがある。もしその学生に、吐けないほどに笑い疲れてしまう日々が訪れれば、吐くのを忘れていた自分にある時ふと、気づくことになるはずだ。どんなに辛く、苦しい現実においても、自分自身を笑う力を持ちつづけることの大切さがここにもある。

ここでの笑いやユーモアは、反復される嘔吐や自傷に**飽き始めること**に関係している。吐きつづける自分に最初はイラつき、その後、飽き飽きし、最後に笑うのだ。物事にうんざりする「倦怠（アンニュイ）」は皮肉とは違うが、経験が次のステップに知らずに進み始めるサインでもある。それは**反復そのものへの吐き気であり、嫌悪である**。

もし誰かが、毎日、服を着たり脱いだりすることが億劫で死んでしまいたいとか、春に芽吹く自然の緑が毎年同じ色で吐き気がするとか言い始めれば、これはすでにジョークである。こうした「倦怠」のさなかに笑いの隙間を開けるかどうかが、一度安定した心と経験を揺さぶる大きな分岐点となる。

それができない時、世界がただ在ることへの「倦怠」が、第3章で触れた小説『嘔吐』の主人公、ロカンタンの吐き気となる。

サルトルのこの小説の主要モチーフは、意味もなくただ世界がまるごとあることへの吐き気であり、その吐き気でのみ確認される、自分の存在のかけがえのなさである。

赤裸々な〈世界〉は、かくて一挙に姿を現わした。そして私は、この無意味な嵩ばった存在に対する怒りで、息がつまりそうになった。〔中略〕世界はいたるところ、前にも後にも存在していた。世界〈以前〉にはなにもなかった。なにひとつなかった。それが存在し得なかった時はなかった。私をいらだたせたのはたしかにそのことである。もちろん、この流れてゆく幼虫が存在することには〈いかなる理由〉もなかった。〔中略〕私は叫んだ、「なんて汚いんだ、なんて汚いんだ」そして私は、このべとべとした汚物をふり払うためにからだを揺すった。しかし汚物は、しっかりとくっついていて離れなかった。幾トンという存在が無限にそこにあった。[18]

嘔気とは、もはや病気でも、一時的な咳込みでもなく、この私自身なのだ。[19]

私は退屈している。それだけのことだ。ときどき涙が頬を流れるほど、強いあくびがでる。それは非常に深い倦怠感であり、存在の深い心であり、私を作っている素材そのものである。[20]

この小説を読んでいると、主人公のロカンタンはいつもしかめ面をしており、笑うことやはにかむことが苦手そうな印象である。その余白を見出すことが難しい。

カントによれば、笑いとは「ある張りつめた期待が突然無に転化することから生じる情動[21]」であり、それは悟性を弛緩させ、身体を弛緩させる働きを持つ。悟性の緊張、身体の緊張をリセットするのが笑いである。

張りつめた期待の通りにしか物事が起こらないと、そこに倦怠が生まれる。毎年、緑がしつこく芽吹くように世界はただありつづける。この倦怠を笑いに変えるためには、いつでも新しい行為が必要である。

おそらくロカンタンは吐き気に溺れ、陶酔して、嘔吐できないでいる。吐き気にあふれた『嘔吐』という小説には、**嘔吐という行為**が欠けている。ロカンタンに必要だったのは知的な吐き気を台無しにするほどの吐瀉物の嘔吐、身体の経験をまるごと入れ替えるほどの嘔吐行為だったのだ。

泣くことで能力を発揮する者たち

ある講義を行っていた時のことだ。最前列に座っていた一人の女子学生が少し肩を震わせて泣き始めた。精神医学系の内容の講義ではたまに起こることなので、気づいてはいたがそのまま講義をつづけていたところ嗚咽が強くなってきて、その学生はぱっと立ち上がり教室を出ていってしまった。

その翌週にも、その学生は最前列に座っていた。講義が始まり、しばらくするとまたしくしくと泣き始め、嗚咽がひどくなって出ていった。さすがに二週連続でこういうことが起こるのはどうかと思

い、翌週もその学生が最前列に座っていたので、

「泣いているの？」

と聞いてみると、

「はい、泣いています」

と学生は言う。そこで、「まあ、泣いていてもいいから、大変になったら教えてください」とだけ伝えて講義をつづけると、またしばらくしてから、そっと教室を出ていってしまう。

さらに翌週には、

「どうして泣いてしまうと思う？」

と学生に聞いてみたところ、

「講義の内容に反応しているみたいです」

とのことだ。「そんなに大変なら無理して受講する必要はないからね」と諭してみるが、学生は「ありがとうございます。でも泣いていても講義中は頭が冴えて、理解がものすごく進むんです」と言う。

学生の話によれば、少し緊張が高まったり、知らない人がいる場所で注目されたりすると、自然に涙が出てきてしまうらしい。それなのに、涙が出ているその時にはとても冷静で頭もすっきりして、物事をうまく捉えられるという。「今年の目標は、半期の講義で九〇分、泣かずに講義を受けられることです。頑張ります」というから、僕としても「……うん、無理しないで」としか答えようがない。

この学生のように、ちょっとした刺激で涙がすぐに出てしまう人たちは少なくない。哲学科や心理学科ではとくに多い印象だ。

そのなかでも、泣くことで能力を安定的にうまく発揮できる人がいることが分かってきた。涙セラピーというものがあるように、涙を目から吐き出すことは緊張を緩和させ、感情のかたちを変え、意識の明度を高め、思考のスピードを調整する働きがある。泣いた後に妙に冷静になるという経験は、誰にでもあるだろう。

前章でも取り上げた、詩人であり写真家でもある芦田みゆきの詩集『ミドリとハエの憂鬱』のなかに「南仏の午後」という作品があり、そこに独特な涙がある。

私はベッドで仰向けになり、手足を上へあげている。まるで重力など存在していないかのように。顔は蒼白で、涙を流している。重力から自由になれたのなら、何とすばらしいことか。しかしその姿は、応答可能な触覚のすべてを裁断され、ただ物質へと落ちていくところであり、宙へむけられた身体の一部分にしても、記憶とともに灰化し、喪失の現在へと置き去りにされているにすぎない。唯一、生きているといえるしるしは、涙にその痕跡を見られるが、おそらく、よくはわからないが、その涙は何かからはるかに遅れている。何にたいして、どのように感じた涙だったのか、もう思い出すことも、想像することもできない程、涙は遅れている。それでも涙は次から次へと溢れだし、頬を伝わり、シーツに幾つもの筋が描かれ、何かに触れる。それが書記行為を可能とする。(22)

その涙には、理由も、思いも、きっかけもない。たとえあったとしても、取り返しがつかないほど遅れてやってきたか、取り戻すものがないほど早すぎる涙である。

その涙がとめどなく流れることが、柔らかな冷徹さと、生きていることを回復させていく。ただ涙が頬を伝い、からだを伝う、この涙跡行為が、温もりや湿り気となって触覚的な身体に触れ、染み込んでいくのだ。それは**涙を通した自己接触**でもある。

稀ではあるが、身体の涙腺や唾液腺を随意的に調整できる人がいる。毎年、講義内でその特技を見せてくれれば単位は保証すると言って告知しているが、これまで二名ほどが名乗り出てくれた。しかし、皆の前で披露してくれたのはそのうちの一名である。

唾液はその人の気分、体調、緊張度、食べ物によっておのずとコントロールされている。このコントロールを自在に行い、舌の裏にある唾液腺から唾液を飛ばすことができる者がいるのだ。それはまるで鉄砲魚のような勢いである。

学生は講壇の前で、自分の手に向けてぴゅっ、ぴゅっと何度か唾液を飛ばしてくれた。それを見ていた聴講者らは拍手喝采である。

学生によれば、小学生のころ、くしゃみをした時に口内で唾液がピュッと飛び出したことがあったという。それをきっかけに、鏡を見ながら繰り返し練習したようである。驚いたことに、飛び出した唾液はふだん口内にある唾液とは異なり、水のようにさらさらしている。粘つきもにおいもない。

粘液や体液、唾液を排出することは、おのずと起こる自動的、生理的運動である。それを随意的にコントロールできるようになれば、それはそれですでに一個の能力である。五秒で涙を流せたり、唾液を排出できることが何の役に立つのかは分からないが、本人の調整能力の向上の一つであることに変わりはない。

少し辛いことが続いた日には、グチを吐くか、嘔吐するか、涙するか、唾液を排出するか、といったように多くの選択肢に開かれていてよいのではないかと思う。

大腸は、身体の異常や疲労があればすぐにお腹を下して下痢として排出するが、そこに意識的な調整は期待できない。それに対して、涙も、唾液も、嘔吐にも、意識的な調整能力は及ぶらしい。そしてそうした調整能力を手に入れ、活用することは、新しい心の安定を作り出すためのきっかけになることもある。

ただ一つに頼るだけではだめだ。どん詰まりの反復に陥ってしまう。調整能力を日々更新し、拡張していくこと。それが心の安定にとっても、とても大切になる。

泣いていた学生は半年間で、九〇分間泣かずに講義を受けることができ、かつ、一〇秒で涙を流す調整能力も身につけることができた。その学生が見せたハニカミのなかには出会ったころにはなかった芯の強さのようなものが芽生え始めている。

第5章

「倒錯」を友とするもの

主要な二運動は回転運動と性的運動であり、その結合はピストンから成る機関車によって代表される。これら二運動は互いに一方がもう一方に変形する。

——バタイユ『太陽肛門』

「あなたは変態ですか」と聞かれて「そうだよ」と答えるいい大人はいない（少ない）。僕の講義のオリエンテーションでは、「この講義は変人だけが受講するように」と言い含めることがある。それによって履修者の数が減ることを目論んでいるのだが、むしろ増えているようだ。

「変」とは何なのかは、実はとても難しい。生活しているなかで「変わってるよね」とか「人と違うところがあるよね」と言われた経験は誰しもあるだろう。学生に聞いてみても大半は、一度は変だと言われたことがあると答える。

むしろ本当に変なのは、これまで一度も他人から変だと指摘されたことがない人間である。誰にだって、その人特有のおかしさ、変さ、こだわり等がある。それを指摘してくれるような人がいないということは、対人関係のネットワークがうまく機能していないか、周囲からは変人だと思われながらも腫物扱いされ、放置されてきた可能性が高い。だからそういう人には進んで「君は変だよ。僕も変だし」と宣言するようにしている。変態連合である。

「あなたは変態ですか」という問いかけに対して否定したいと思うのと同時に肯定もしたい気持ちがある時、そこに潜んでいるのが「倒錯」という経験である。

倒錯の境目

本人の力ではどうにもならない苦しみをかかえている学生とは、メールや緊急用の電話を用いて対応せざるをえなくなる時がある。本来であれば学生相談センターのような管轄に委ねるのが筋なのだが、その学生が哲学に強い思い入れがあり、僕のゼミにも参加しているとなれば、話は別だ。

以下は、そうした学生のうちの一人からほぼ毎日のように送られてくるメールであるが、どこか奇妙である。この奇妙さのなかに「倒錯」という問題が顔を出している。

件名：とんでもない夢

稲垣先生

変な（?）夢を見ました。何列もの人だかりのなか、五体投地をしている自分がいて、前列の女性の性的魅力に引っかかって夢精したというものです。その人の服装は、明らかに法衣ではなく、性的魅力を誘うものでした。

私は五体投地の文化にいないため、ここまでリアルな夢を見ると、相当の熱意がかの教えに対してあることが推測されます。

ちなみに、私は宗教問題の最難関に昨日、達しました。これをすぐに語るのはあまりに危険すぎるため、少しずつ、複数の社会関係との折り合いを見て明らかにしていきます。

夜の文面、危険ですね。

件名：女子のタッチ
稲垣先生
今日、出身の保育園に行ってきました。
帰る時にタッチしてくれたのが、女子の集団でした。なぜだかは分かりません。私が何を言わなくとも、女に見えると言っていた女子もいました。実際、私は五歳の時、女だと言われていました。

こうした学生は、自分が変であるということになかなか気づけない。なぜこんなメールを僕に送るのか、女性を欲しているのか、女になりたいのか、そうした問いとその理由にも、直接は目を向けようとしない。

そんな時はさまざまな迂回路を通って、倒錯している自分におのずと気づけるよう仕向けるが、なかなか骨の折れる作業となる。

「裸の王様」で一番バカなのは誰か

裸の王様というアンデルセンの童話がある。原題は「皇帝の新しい着物」だが、これだとインパクトがないからなのか、日本語訳では「裸の王様」として人口に膾炙《かいしゃ》している。あらすじはこうだ。

ファッションにうるさく世界各国の新しい服を集めている王様のもとに、二人の仕立屋がやってくる。彼らは**バカには見えない布地**で服を作れると吹聴していた。仕立屋は、この布地は知恵もあり身分も高い王様にはうってつけであると言って、王をそそのかすことに成功する。王から服を仕立てるためのお金と場所を与えられ、彼らは服を作り始める。

その作業中の現場に王の大臣や町の人々が様子を見にやってくるが、仕立屋が何をしているのか、彼らにはさっぱり分からない。しかしバカであることがばれるのを恐れて、誰もそのことを口に出せない。

ついに服が出来上がり、仕立屋は新しい服を王に献上する。王にもその服は見えないが「素晴らしい」などと言いながら、手渡される服に袖を通していく。すでに民衆は、王が新しい服をお披露目することを聞き知って広場に集まっていた。そこに王が姿を現す。民衆の誰もが素晴らしい、見事だと褒めそやし拍手喝采するなかで、一人の子どもがぽつりと言う。「でも王様は裸だよ」と。それをきっかけに民衆の誰もが目を覚まし、一斉に王様は裸だと叫び始める——。

この物語の核心がどこにあるのかを探るために、「誰がこの話のなかで一番バカなのか」という問いを立ててみる。王、大臣、仕立屋、民衆、子どもが主な登場人物であるが、学生に誰が一番バカなのかと尋ねると、いろいろな意見が出てくる。

最も多いのは、仕立屋に騙《だま》され、周囲に踊らされている王が一番のバカだという意見である。今でも、あの人は「裸の王様だ」と揶揄《やゆ》することがあるのも、そうした意味においてであろう。それ以外にも、王のブレーンとして君主の愚行を止められなかった大臣こそがバカだ、あるいは、うわさを信じて安易に同調してしまう民衆がバカだ、いや、狡知に見えてもすぐにばれる嘘をつく仕立屋の安易さがよっぽどバカだとさまざまな意見が出て、どれもそれなりに辛辣だったりする。

それに対して子どもの純真さ、正直さだけはどうにか守りたいらしく、子どもが大バカだと指摘する学生はほとんどいない。

しかしどうなのだろうか。おそらく家臣や民衆といった大人たちは、王の愚行にどこか気づきながら、つまり「いつものことだが、あいつはしょうがないな」と気を遣いながら、あるいはその愚行にあえて乗っかることで、お祭り騒ぎを企てている。相当に細かな配慮のもと、一大イベントを盛り上げようとしているのである。

しかし子どもにはそうした大人の配慮が一切通じない。空気を読まないのは子どもの特権である。この特権を成人が行使すると、社会システムから排除の力が働く。

会議中に「こんな会議は時間の無駄だ」と発言し、レストランで肥えた人を見つけて「あの人はデブだ」と指差しし、必死で頭部に装飾を凝らしている人を見て「かつら、かつら」と暴露する。そんな大人がいれば、間違いなくバカである。

気を遣い、根回しをしながら企業や大学、家族のトップを盛り立てるよう仕組むことはごく普通の大人の嗜《たしな》みであり、集団生活の作法だ。陰でどんなに悪態をついていようが、社会の一員であることのヒエラルキーを遵守し、そのなかで配慮の空間を構築するのが大人である。

そうだとすれば、自分が日常生活では純真な子どものようにふるまえてはいないのに、それを棚上げして王や家臣、民衆をバカだというのは、一種の自己撞着となる。あるいは配慮の空間に息苦しさを感じ、大人に成り切れない人がいだく、子どもへの飽くなき憧憬である。

そしてその憧れが、かまってもらいたい、抱っこをしてもらいたい、おしゃぶりを咥《くわ》えたい、下の世話をしてほしいという欲求にまで退行すれば、そこが「倒錯」の世界となる。裸の王様には、さまざまな倒錯感があふれている。

裸になりたいという欲望

この物語を、上記の問いとは異なる仕方でさらに倒錯的に解釈してみる。

そもそもバカには見えない布地なのだから、その服を身につけるかぎり、最初から、一定数の愚か者には自分の裸が見られてしまうことになる。王はなぜ、自分の裸をバカな人間には晒してしまうことに知恵をめぐらせ、それを恥ずべきことと思わなかったのか。

この局面で、王にはもともと裸になりたいという秘められた欲望、しかも公的場面で露出したい欲望があったものとして、この物語を読み解く可能性が生まれる。

夜な夜な街頭に出て道行く人に裸を露出するには、王ともなればリスクが高すぎる。そこで王には権力も金もあるのだから、他国で二人の仕立屋を雇い、「バカには見えない布地で服を作らせてほしい」と吹聴して王を訪れるように画策し、依頼する。

仕立屋がやってくると、王はその話にすぐに飛び付く。「実に素晴らしい、私ほどの知恵のあるものには、さぞかし美しい服が見えるだろう」と言って、家臣たちにもにらみを利かせる。「バカではないそなたたちにも、見えるよな」と脅しをかけるのだ。

後はとんとん拍子でことは進んでいく。王は服が早く完成するよう大臣に様子を窺いに行かせ、大臣からの「素晴らしい服になりそうです」という報告を受けて、「バカな奴らよ」と内心では思いながら、ほくそ笑む。ついに献上された服を手にした王は、実際には嬉々として身に着けている服を一枚一枚脱いでいく。

民衆たちはすでに集まり、舞台は整えられた。欲望の高まりを抑えることのできない王は、いざ民衆たちの前に裸体をさらけ出す。民衆からの喜びの声と、拍手喝采。しかしその時、王はこれで自分の欲望が満たされると思い込んでいたのにどこか物足りなさを感じてしまう。その理由を思いあぐねた末に、王は気づく。民衆たちは裸の王そのものではなく、バカには見えない衣服をまとった自分を見ていたのだ、と。

言い表しようのない空疎さを感じてうなだれる王の前に、一人の子どもが颯爽《さっそう》と現れる。

「王様は裸だよ」

その一言をきっかけに民衆は一斉に裸の王に気づき、「王様は裸だ」と叫び始める。そしてその瞬間、欲望の満たされた王は絶頂に達する――。

この解釈は「倒錯」についての講義をしたさいに、学生がレポートに書いてきたものである。露出狂という倒錯した「王の欲望」を一つ設定するだけで、表のストーリーとして流れていたものがまったく異なる経験へと誘われてしまうことが分かる。

精神分析家のＪ・ラカンはテクストの難解さで有名だが、他方でその難しさと深遠さに惹かれて集まってくる精神分析を信奉する人たちに崇《あが》められてもいた。

そうしたさまを他の同業者たちが見て「ラカンは裸の王様だ」と皮肉り、彼を批判したようである。当のラカンはむしろそれを逆手にとり、この物語の一種の解釈を行っている。[1] 彼がそこで提起した問いとは、裸の王を待つまでもなく、「人はみな服の下は裸であるのに、なぜそれを恥ずかしいと思わないのか」であり、もう一つは「そもそも人は裸になり切ることなどできるのか」というものだ。

学生を一人、講義中に立たせて問いかけてみる。

「あなたの服の下は裸ですか」

「そうです」

と学生は答えるので、

「ここにいるみんなが、あなたの服の下は裸であることを知っています。それなのになぜあなたは恥ずかしくないのですか」

と重ねて質問をする。そうすると学生は、どこか奇妙な感情の動きを経験する。自分の裸が見られているわけではなく、ただ服の下が裸であることが周囲の人に知られているだけなのに、羞恥に近い感情の動きが出てくる。これは学生が大勢いようが二人きりだろうが、変わらない。セクハラ一歩手前である。それはなぜか。

「服の下は裸である」という命題そのものに倒錯的なニュアンスがともなっているのか。それとも、その周知の事態をことさら主題化することに倒錯感があるのか。

大勢の裸の客が居並ぶサウナルームで、自分一人だけがスーツを身にまとい着座している場面をイメージしてみる。恥ずかしいのはどちらか。明らかなのは、服を着ているか着ていないかが羞恥の源泉ではないということだ。**羞恥そのものは、他者が何を見て、何を欲するのかという、他者の欲望を**

きっかけとして動き始める。まなざしの力と言ってもよい。子どもの一言で、王の見えない衣服が一段と見えなくなったように。

学生のなかに「女王さま」がいた

ある専門学校で講義をしていた時の話だ。

その日は精神医学における性的倒錯の問題を扱っていた。倒錯というのは、性的な欲求や感情が定型には収まらない仕方で動き出してしまい、それに魅惑され翻弄されるあり方である。たとえば僕たちは、ペットボトルを見てそれに触れながら「この曲線美がたまらない」といって欲情したりはしない。

では新幹線や車の流線型に関してはどうだろう。そこには見事なボディがあり、それに対して何らかの感情が動くことはあるはずだ。あるいは、異性の身体のごく一部の局所だけに性的興奮を覚える、または死体や糞尿のようなものに興奮を覚えるといったことになれば、そこには性的倒錯が見え隠れしている[2]。

倒錯経験は、精神分析が長い年月をかけて説明図式を構築せざるをえなかった、単なる性本能としては説明ができない複雑な経験の動きである。そしていまだ決着がついているわけでもない。フロイトは「人間の普遍的で根源的な状態としてあらゆる倒錯へと向かう素質が一定の割合で人間には備わっている」[3]と述べているが、倒錯的経験にはどこか人間の核心に触れてしまうところがある。

裸の王様の話も交えた講義を終えた後のリアペのなかに、「先生と私は絶対に分かり合える気がします」と書かれたものがあった。しかしその学生の名前と顔は僕のなかで一致することはなく、それが何のことかも分からなかったので、そのまま放置していた。

その学校での全講義が終わり、帰路についていたところ、突然、誰かに呼び止められた。振り返ると、そこには僕の講義を受講していた一人の学生がいた。その人は僕より年上の女性で子どもが二人おり、小学校のPTAの役員を務めている。そのことは講義内で話題になったことがあった。その学生が、地下鉄の駅につながる地上改札口の前で僕を呼び止めたのだ。

「どうしたんですか？」

と尋ねると、

「先生、前に私が書いた感想、覚えていますか」

と聞いてくる。

「ん？　何だっけ？」

「絶対に言わないでくださいね。学校の仲間にも言ってないから。実は私……女王さまなんです」

と、じっとこちらを見ながら彼女が告白する。

「女王って、あの女王さま？」

「そう、本物です」

この女王さまが、先生と私は分かり合えると伝えてきたあの学生だった。

彼女は、今度の週末に渋谷で行われるイベントがあるから来てほしいと、僕に一枚のフライヤーを手渡してきた。そこには「女に支配されたい夜　男を支配したい夜」というキャッチコピーとともに、何人もの女王さまの顔写真が並んでおり、そのなかの一人が彼女だった。どうやら本物らしい。

彼女が、僕にそちらの気がある人間だと確信したのか、あるいは冗談の一種として誘っただけなのかは分からない。ただ、どうやら僕を薄明りの部屋の中空に裸で縛り上げてぶら下げてみたかったらしい。

「僕にはそういう趣味はない」ときっぱりと断りながら、仕事の詳細を聞いてみると、女王は二つの仕事を掛け持ちしており、一方はソフトなもの、他方はハードなものと、すべてSMに関わる仕事だという。

彼女はこの仕事を天職だと感じており、「楽しくてたまらない、こんなことでお金がもらえていいのか、幸せすぎてたまに後ろめたい気持ちにもなる」「会社の社長や役員、政治家、サラリーマン、教員、いろいろな職種の人がやってきては、自分の前であられもない姿になってもだえ苦しみ、喜ぶ」といってはにかみ、「こういう仕事をしていると、普段生きている世界が嘘っぱちに見えてくる。何もかも隠しながら、みんな本当にかわいそうに思えてくる。もっと自由になればいいのに」と語気を強める。

「首輪をした男を連れてカフェに……」

フロイトは「性愛生活が誰からも貶められることについて」という論考のなかで、きわめて男性目線からではあるが、以下のように述べていた。

情愛の潮流と官能の潮流が相互に適切に融合しているのは、教養人にあってはごく少数の者でしかない。男性は性的活動をするときにはほとんどいつも、女性への敬意ゆえに自由が利かないと感じており、その十全たる性能力《ポテンツ》を展開できるのは、貶められた性的対象を相手とするときに限られるのである。このことはまた、男性の性目標には、尊敬する女性相手に満足させようとは思いもよらない倒錯的成分が入り込んでいることからも、確かめられる。十分な性的享楽がえられるのは、男性がなんらの憂いなく満足に向かって専心するときだけなのであって、この専心を彼は例えば自分の礼節正しい妻相手にやってみようなどとはしないのである[4]。

十全たる性能力の展開。それはいったい何をすることなのか。彼女は「自由」というコトバを何度も用いていたが、何が自由であることを決定するのか、考えさせられることになる。本当に自由なのは、誰なのだろうか。

さらに彼女は経験が蓄積されるにつれ、出会った人間を一目見ると、その人間にどういう性癖があるのか、見抜けるようにもなったらしい。「あれは強がっているだけの完全なM」「あの人はどっちも持ってるから少しめんどくさい」「あの人は調教すればすぐこっちにくるタイプ」というように、人間関係のすべてをこうしたまなざしで分類し、暮らしている。

「私の仕事は、とにかく相手の感情をコントロールして手なづけなければいけない。どんな言葉遣いで、どんな道具と手順で相手を攻めればよいのか、瞬時に見抜けないといけない。しかもそれが私の快楽になるように。そうしないと指名がつかずに、すぐ廃業」

と、あっけらかんと言う。

これまで何人もの天性のセラピストには出会ってきたが、彼女のような人をセラピストとして扱えない理由はどこにあるのだろう。多くの人間が救われにやってくると彼女は言う。

その一年後に再び、彼女に会う機会があった。その時、何か悩みのようなものはないのかと尋ねると、彼女は「ただ普通に喫茶店でコーヒーが飲みたい」と言う。「何を殊勝な」と僕がちゃかすと、その普通とは、単なる普通ではないことが明かされる。カフェのオープンテラスで首輪をした男を床に這いつくばらせてコーヒーを飲みたいというのだ。双方の同意も取れているのに、これができない現実がある。これを何とか変えたいというのが彼女の願いだ。

「とにかく、ただそうやって生きたい人たちを、奇異なまなざしを向けることなく受け入れてくれればいいのに。カフェに犬を散歩して連れてくるようなものなんだから」

ＰＴＡの仕事はつづけているらしい。

「先生もプライド高そうだから、すべて一回ちゃらにしたくなったら、いつでも連絡してね」と言われている。何をちゃらにするというのか。経験のリセットはそう簡単なものではない。

笑いとこわばり

この女王さまのように、現実の世界では胸も張れず理解もされない仕事をしながらも強く生きていく術を身に着け、しかも人生を楽しんでいる人がいる。彼女の場合、専門学校で新しい資格を取得し、それを仕事に生かそうとまでしている。多くの苦労を重ねてきてもいるはずなのに、このような強さはどうすれば獲得できるのだろうか。

　叩かれ、打たれ、拘束され、針を刺され、首を絞められる。普段は苦痛としてしか感じ取れないはずの経験に快楽や喜びがあふれてしまう。社会契約論で有名なJ・J・ルソーは彼の人生を赤裸々につづった『告白』のなかで、「堂々とした女性の前に膝をつき、その命令に従い、赦しを乞わせられるのが、私にとって最もデリケートな快楽だった」と素直に述べている[5]。苦痛や恥の感情のうちに、恐怖に打ち勝つほどの快があるのだとも言っている。

　こうした経験は、皮膚を切り、タバコを押し当て、食べたものを吐き出す、自傷や拒食という病的経験とどこか通底している。ただし女王さまやルソーのように、自分の内面の歪みを職業や執筆活動と釣り合うところにまで昇華できる人がいる一方、逃れられない苦しみと、知られてはならないという重圧に耐えつづけている人もいる。

　大学の講義ではいつも一番前の席に座り、背筋をぴんと伸ばしながら聴講している学生がいる。成績も優秀で、とてもまじめである。いや、まじめすぎる。おそらく誰であれ一目でその学生の固有さに気づくことができる。

　たとえば講義内で文章を朗読させると、突然、声を張り上げ一本調子で文章を読み上げてしまう。またあるテーマについての感想を述べさせると、自分の意見と発話による興奮に応じて声量がどんどん上がってしまう。周囲は一瞬、唖然とするが、本人はそれに気づく様子もなく、その行動を黙々とつづける。

　どうやら本人のなかには、優しく文章を読み上げたり、ひそひそ声で読んだり、会話の口調と連続するように読んだりといった、朗読のための調整能力がほとんどないのだ。興奮に応じて身振りや声量が変化していることへの気づきも乏しい。そしてそのことを本人に伝えても、どうもピンとこない。「この人は何を言っているのか」と不思議な表情でこちらを見つめ返すだけである。人との関わりもどこかマニュアル的で、そこに動作の「しなやかさ」や表情の「やわらかさ」を見出すのは難しい。

H・ベルクソンは「笑い」について分析するなかで、おかしさが成立する時には「自動現象」と「こわばり」の効果が働いていると述べている。[6] 社会生活が円滑に進むには、心にも身体にも「緊張」と「弾力」が必要である。より正確に言えば、場面に応じて緊張をゆるめたり高めたりできるしなやかさが必要だということだ。これができない場合、人はそこに**機械的なこわばり**を見出し、それが滑稽さ、笑いを誘うのだと言う。

上記の学生も、他の学生にとって場を盛り上げる笑いの対象になっていた。本人は笑わせる意図がないのに周りが彼を笑ってしまう。思い起こせば、どこの学校でも職場でも、そうしたキャラクターが一人はいた。それは嘲笑ではないが、その学生の一律的応答を見透かし、期待している集団の意図が隠されている。おそらく彼は大学に入る以前もそうした経験を何度も繰り返してきたのだと思う。

ベルクソンによれば、「性格なり精神なり、肉体なりの**こわばり**はすべて社会の懸念の種になる」。それは「中心はずれ（excentricité）」のしるしだからであり、「笑いは『中心はずれ』を矯《た》め抑える。〔中略〕要するに、社会的からだの表面に機械的こわばりとしてとどまっていそうなものをことごとくしなやかにするのだ」[7] と言う。

笑いは平均値としての社会通念にふさわしくない行動を修正し、矯正する機能を持つ。誰もが笑われないように行為を修正し、訂正するか、あえてこわばりを演じることで笑いを誘う。それは確かに普通のことである。しかもそれは、非難とも叱責ともアイロニーとも異なる特殊なモードにおいてだ。

とはいえ、**笑いのこの矯正機能が効果的に働くのは、笑われる意図を事前に、あるいは事後に理解できる者たちだけである。**恒常的なこわばりは、こわばっている自分自身に気づくことができないほどこわばってしまう。あるいはこわばっていない自分がどういうものなのかが分からない。そんな彼には、笑われることの辛さと、なぜ笑われているのかが分からないことの辛さが二重になって圧《の》しかかる。

うんこの暴言

ある時、その学生が「面談を希望します」というメールを送ってきた。そのなかには「今、自分はもう半分死にかけています。あと数週間で、例の暴言を言ってもおかしくない状況になるかもしれません」と書かれていた。

実はその何日か前にも、彼は僕の研究室に来ていた。とにかく苦しいこと、怒りを感じることが多く、辛い日々を送っているとのことだった。彼のなかには独特の決まりごとやルールがあり、それに外れるような事態があると収拾がつかなくなる。

たとえば当時未成年であった彼は、酒の席に同席し、飲むふりをすることが苦痛でたまらないのだと言う。「先輩の顔を立てるために飲むふりくらいしなよ」という友人からの連絡が、彼を脅迫する命令のようにしか感じ取れない。

また、就寝の時間も自分で決めており、そのスケジューリングが乱されるようなことや、教員やサークルの先輩が述べる悪口等を聞くことも我慢がならない。彼のなかの規則や正義に反するからだ。

さらにはそうした声や場面の映像が、夜、まぶたを閉じると現れてきて眠りを妨げることにも苦しんでいた。そしてこの面談の時に、彼は以前、暴言を吐いたことがあると言い、そうした事態にまた陥るのが怖いという相談を僕に持ちかけてきていたのだ。どうやら彼は、以前、好意を抱いていた人に対して暴言を吐いてしまったことがあるという。

「どんな暴言を吐いちゃったの？」

と僕が尋ねると、彼は研究室のソファに腰かけたまま下を向いて、膝に置いた両手を強く握りしめながらじっと黙っていた。沈黙がつづく。どれくらいたったのだろう。しばらくした後、震えながら泣いていることが分かったので、

「うん、無理して言う必要はないから。言わなくていいよ」

と言って、その日は他の話をして帰したのだ。

その後、先ほどのメールを受け取ってから、彼は改めて研究室にやってきた。その時、彼から一枚の紙が手渡された。そこには谷川俊太郎の「うんこ」という詩がプリントアウトされ、最後のほうの行にマーカーで線が引かれている。

「これは何？」

と聞くと、

「以前、お話しできなかったものです」

と言う。どうやらこれが彼の暴言の中身であるらしい。その詩の最後の三行は、

どんなうつくしいひとの　うんこも　くさい
どんなえらいひとも　うんこを　する
うんこよ　きょうも　げんきに　でてこい

となっている。彼はこの詩を空で言えるほど暗唱したことがあるわけでも、この詩がとくに好きだというわけでもなかったらしい。それなのに、好意をいだく人を目の前にして、突然、この詩を大声で叫んでしまったという。それは彼自身にとっても何が起きたのか分からないほどの衝撃を与える事件であり、事故であった。そしてそれがまた起こるのではないかと、僕に訴えてきたのである。

この話を聞いて僕は、

「君は好意をいだいている人に正しいことをただ伝えただけなんだよ。この詩もとても素直なことばでつづられている。ただそれが、君の意志や思考とは独立に口から出てしまったこと、それだけが問題であって、それ以外は何の問題もない」

と伝え、とりわけ性的対象を貶めること、母親や好意をいだいている人を貶めたいという願望や空

想は、人間の欲望を成就するあり方としてありうることだと言い含める。

この学生は、性愛としての愛を頑なに認めようとはしない。暴言の相手への好意は母や妹に向けられる親愛と変わらないと断言している（正確には母ではなく、妹に対してだけであるが）。それなのに、本来性愛を向けるべき相手に、人間としての愛しか向けられない自分の行動を否定するように暴言が吐かれてしまう。フロイトであれば、それこそが無意識の欲望なのだと言うだろう。**禁止された性愛と、許されている人間愛のギャップに橋を架けるために暴言が吐かれたのだ**、と。[8]

学生にはその後、フロイトの精神分析の理論では人間には口唇期、肛門期、男根期、潜伏期、性器期という発達段階があって、とくに肛門期は排便やうんこの快に執着する時期だという話をつづける。

フロイトが言うにはこの肛門期の性愛は、思春期の潜伏期において羞恥や嫌悪、道徳的な反動形成物によって抑制され、他のかたちに昇華されていく。

そうはいっても、肛門期の性愛は隠れたかたちで社会のなかに持ち込まれてしまう。その一つとしてフロイトは、金銭をうんこへの快が昇華されたものの一つと見ている。[9]お金という生きるために最も必要とされるものが、人間のゴミとして最も無価値なうんこと等価だと言う。お金を貯め込み浪費する快と排泄の快が、見えない糸でつながっている。糞便学（スカトロジー）的にも、うんこはなぜか「黄金」と呼ばれている。

そもそも動物にとって、糞尿はその生体の生活圏や食性、健康状態に関するさまざまな証拠を提供すると同時に、土壌を豊かにする養分である。そこから栄養を取ろうと食糞する動物も大量にいる。

その意味でも、かりに摂取した食物をすべて熱として放散してしまう生命がいた場合、生態系はあっという間に滅びてしまうだろう。うんこは大切なのだ。それなのに、こうした話が人間社会のレヴェルになると一挙に倒錯的意味合いを帯びてしまう。

確かに人間の欲望はとどまることを知らず、その行動力と執着力をゆるめることは生易しいことではない。精神分析家のM・ボスが診た糞便愛好者はこう述べている。

生命は皮膚の下ずっと深く、腸の中で初めてはじまるのです。大便のあるその所で、生命に火がつくのです。大便は死んではいません。それは全てのものの始まりです。それは温かく、そこでは全てのものがそれから作られ、あらゆるものが形成されます。結局人間は泥から捏ねあげられた虫けらの様なものです[10]。

この患者は農作物の害虫研究を行いながら、妻に肛門亀裂をともなう直腸炎を患わせてしまうほどにまで、倒錯した性行為を止めることができない。大腸にあるうんこに性器が触れること、それがなければ性的快楽をえられないという。

本来はこうした倒錯的発達を経る手前で、その欲望は昇華されていく。フロイトは「この肛門性愛が昇華されることで真っ先に現れるきわめて恒常的な結果」を「几帳面」「倹約」「強情」の三つの性格特性であると記している。つまりこれらの性格特性が強く前面に出ている人の心の深層には、肛門性愛が隠れている可能性があると言う。

確かに、相談に来た学生にもこれら三つの特性はうまくあてはまっている。規則でみずからを縛り、お金の浪費を極端に嫌い、自分の信念にゆるぎない確信を持っている。

このようにして僕は、彼の暴言の告白に対してそれを圧倒的に上回るうんこネタの話を一時間以上、話しつづける。当の学生はほとんど何も理解していなかったのかもしれない。ただ呆けたように、時に頷きながら僕の話を黙って聞いていた。倒錯症例の話を聞いている時には、「そんな人がいるんですか?!」と驚き、ははっという笑い声が漏れることもあった。

この時に僕が考えたのは、うんこの暴言を吐いてしまったという過去の事実をとにかく大量のコトバを用いて薄めてしまうことである。うんこの暴言がうんこのつぶやき程度になるように、別のコトバで埋め合わせてしまうのである。

暴言を吐いたことが、彼の歴史の一つの印象深い思い出になり、さらには勲章にさえなるように方向づけたいと考えたからだ。好意をいだいている人に、自分の好意が報われるかどうかも定かでない時に、頭のなかにある暴言や淫らな妄想をぶつけたいという思いは誰もが分かるはずである。

それは実行できないことがほとんどであり、だからそれを実行しただけでも、ある意味で一つの栄誉である（もちろん、暴言を吐かれた側のケアは忘れてはならないにしても）。彼は暴言を吐かれた相手がどのような気持ちになったのか、彼女にどれほどの不快さを与えてしまったのかをいつも考え、悩み、怯えつづけている。他者に不快な思いをさせたくない強い思いが、彼の笑われてしまうキャラクターを作り上げているところさえある。

今、彼はこのような苦しい場面を回避し、さらに自分への苛立ちを制御するため、「瞑想」に規則的に取り組む生活をしている。決まった時間に行う瞑想を通して感情の動きを緩和させ、身体の感度を高める試行を続けている。

もともと彼には、テレビゲームをしたり漫画を見るといった娯楽の経験がほとんどない。そうしたものがなぜ面白いのかもよく分からない。こうした経験の狭さは彼の能力を抑制すると同時に、彼を怯えさせる外部刺激から身を守り、抜群の知能の向上をもたらしてきた。その意味でも、自分の心の安定を維持するための戦略でもあるのだ。

これからの彼に必要なことは、活用してこなかった経験の余白を見出し、さまざまな能力の萌芽を見つけることである。おそらくうんこの暴言を吐いた自分自身を笑い飛ばせるようになる時、彼はまた一歩先に進んで行く強さを身につけるのだと思う。

倒錯を味方にすることは、時と場合によってではあるが確実に一つの武器になる。そういえば、あの女王さまはとてもよく笑うひとだった。

ある休日の夜八時過ぎ、携帯電話の留守電に、激しい過呼吸をともなった言葉にならない絶叫が二分間以上にわたって残されている。「くるしぃ、くるしぃぃ、うおあああぅっ、があっあああああ。なぜこのくるしみがぁ繰り返されなくてはならないのかぁああ」と、ところどころ聞き取れるが、かなり強いパニック発作を起こしている。

僕はただちに、その学生の近くに住む仲のよい学生たちに連絡を取り、彼の安否を確認するようお願いする。しばらくすると「今は落ち着いたから大丈夫そうです」という報告が返ってくる。

テストが近いといったストレス状況。週末に夜、部屋に一人。これらの条件に、さらに直近での友人との関わりのうまくいかなさが重なると、辛い記憶のフラッシュバックとともに発作が訪れる。そして絶叫しながら泣き疲れ、しばらくするとまた安定する。

まだまだ予断は許さない。でも他方で、叫びの宛先に選んでもらえるということは、彼との関係がうまくいっている証でもある。時間はかかるが、まだ一緒に進んでいけるという感触が確かにある。叫んでもいいし、パニックになってもいい。叫ぶことで声帯が強化されるように、魂のしぶとさはそうした経験のなかでも育ってくる。いつの日か、このことでさえ笑い飛ばせるところまで進んでいきたいと僕は思っている。

第6章

わたしの大切な他者、「小人」

「しまいにすっかり、ローソクみたいに消えてなくなっちゃうかもよ。そしたらあたし、いったいどうなるのかな?」いいながらアリスは、ローソクが消えた後の炎ってどんなふうか、あれこれ想像してみた。なにしろそんなもの、いちども見たことがないしね。

ルイス・キャロル『不思議の国のアリス』

「小人」を見てみたいという想いが、あなたにはあるだろうか。それともそんな想いはバカげたことだと思われるだろうか。成人して大人になり、たいていの経験がアタリマエになってくると、何かが物足りなくなる。それが何かと言われてもよく分からない。でも不意に、その大切なものを自分はすでに失ってしまったのだという確信に襲われてしまう。しかも二度と取り戻せないはるか昔に。

それを失ってしまうと正気を保っていられない、そんなかけがえのないモノがあなたにもあったはずだ。あるいは何気なく、そっと、空気のようにそばにあったのに、知らずに失われてしまうモノがあったはずである。人間の成長や発達を、こうしたモノとの関わりの変化から押さえていこうとするのが、精神分析の流れを汲んだ「対象関係論」である。

子どもにとって最も大切で、しかもおのずと失われてしまう対象が「母親」である。成人した後の、目の前で生きている母のことではない。その母は、すでに失われた母だからだ。

本章では、人が生きるその現実にとって欠くことのできない「モノ」、そして失われる「モノ」について考察する。それは暗示的な意味で生きたモノであり、「小人」である。

コインのお月様

真夜中、タンスの引き出しのなかからゴソゴソと音が聞こえる。真っ暗で何も見えない。しかしまちがいなく何かがいる。まどろみのなかとはいえ、実際に「それ」を目にしてしまう人もいる。こうした幼少期の記憶の断片がなぜか残っていることがある。

「他者の現れ」というテーマの講義では、たまにこんなリアペが出てくる。

私は、小さい頃、お月様の顔が描かれた金色のコインが机の下で輝いているのを何度も見たことがある。それは立ったまま、くるくると回ることもあった。私には姉がいるが、姉と遊んでいる時も、母親と一緒にいる時も、ふと机の下を見ると、きらりと光って、そのコインがこちらに笑いかけてくる。怖いことはないが、そこに近づいてはいけず、そのことを母や姉にも言ってはいけないのだと思っていた。少し大きくなって、そういえばあのコインはどうしたのかとふと思って探してみたが、そんなものはどこにもなかった。でもこの記憶が嘘だとはとても思えない。

小学生ぐらいの頃に、学校から帰ってきて何気なく家の郵便受けを見たら、自分あての手紙が届いていた。不思議に思ってその手紙をすぐに机の引き出しにしまった。なかは見てはいけないと思っていたから。その後も、何通か、ふと郵便受けを見た時に手紙が届いていたことがあり、そのつど、机の引き出しにしまっておいた。その手紙に書かれた私の名前の筆跡も、封筒の形と手触りもまざまざと覚えている。中学生になって、その手紙のことをふと思い出し、机のなかを探してみたが、どこにもなくなっていた。母親に尋ねてみても、「小学生のあんたに手紙なんか来ていたはずないでしょ」と取り付く島もない。何だったのだろう。

自分が小さい頃、寝室の電気の傘に天使が止まっていることがあった。それはとても小さく見えないほどのホコリだったのかもしれない。しかしそのホコリの形が天使のように見え、「この部屋には天使がいる」と思い込んでいたのを思い出した。そのころは幼稚園生で、教会のある園に通っていたので、何でも神様とか天使だとか言っていましたが、そのホコリのことだけは鮮明に思い出せるし、今でも本当に天使がいたのだという気がしている。

小人に出会うには？

世界各国に、「小人」にまつわる言い伝え、伝記、物語が数多く存在する。ドイツには「小人の靴屋」があり、日本には「一寸法師」がある。コロポックルというアイヌの伝承に出てくる妖精も小人の一種である。村上春樹の小説『1Q84』でも「リトル・ピープル」という小人が重要なテーマとして扱われている。

なぜこれほど世界には小人の話があふれているのか。考えてみると不思議ではあるが、小人には人間にとって大切な機能性があると僕は考えている。そして今も昔も、見える人には見えてしまう。ただしそれは、**小人が未発見の生物種として実在するかどうかといった問いとはおそらく無縁の場所に**

おいてである。

こうした小人にまつわる話を学生にしていると、その後の講義のリアペに、小人を実際に経験したことがある、あるいはそれに関連する経験があるという学生が出てくる。冒頭のものがそうだ。

こうした記憶の断片は何を意味するのか。単なる錯覚や思い違い、テレビ番組の影響の可能性は大いにある。事例として多いのは、幼稚園から小学生くらいまでの記憶だ。

子どもには「幼児性健忘」という、生まれてから三歳前後までの記憶の一切が失われてしまう時期がある。二歳から三歳にかけて保育園に通っていた子どもはその当時の担任の先生を、その後一年間会う機会がないと忘れてしまう。両親や同級生のように繰り返し記憶が強化されていれば話は別だが、ほぼ毎日のように顔を合わせていたはずの先生の顔さえも忘れてしまう。

だとすると、上記のような訳の分からない記憶が残ってしまうのは、三歳以後のことなのか、あるいは事後的に構成されているだけなのかもしれない。そうだとしても、特段生きることに必要とは思えないこうした記憶の残留の「なぜ？」という問いは残りつづける。

そしてこの時期は幼児から少年、そして青年へと成長を遂げる発達の途上であり、そのことからも発達心理学や発達精神医学では、心そのものが組織され、安定化するための重要な時期と見なされている。さらに稀にではあるが、成人になった人々のなかにも小人に出会ってしまう人がいる。本章のテーマは、この小人の経験とその活用である。

移行対象

精神分析家でもある精神科医D・W・ウィニコットは、乳児が生後四ヶ月から一二ヶ月までの間に、母親からの分離を実行するためにさまざまな外的な対象との関わりを形成することを発見する。それは失われていく乳房（母）の代償でもある。

母（ないしその役割を担うもの）は、乳児のすべての欲望を隈《くま》なく満たすことはできない。いつかなる時にもそばにいるわけにはいかず、できないことが母には当然ある。しかし乳児はそうした大人の事情の一切に頓着することなく、その「無能さ」だけに気づいてしまう。

この無能さを通過することで幼児はみずから自身を形成していく。これが精神分析が描く発達の定石である。ここから先は「ファルス」や「父」、「エディプス」といった精神分析にお馴染みのタームが現れることになるが、ここではその詳細は措く。

むしろ重要なのは、みずからの欲望が満たされないことに気づく、この不安定期に子どもが何を行うのかである。簡単に言えば乳児は母との強い関わりの濃度を薄めるために、あるいはその強い関わりが万能ではないために他の対象との愛着的な関わりを作り出し、その欠落部を補塡する。たとえばそれは「おしゃぶり」や「毛布」「まくら」「タオルケット」「ぬいぐるみ」といったものであり、こうした対象が「**移行対象**」と呼ばれる。

移行対象は乳児が眠りにつくさい、あるいは感情の高ぶりを抑制するさいに機能する特殊な対象である。乳児はその対象への関わりを反復し、反復するなかで自分の安定を形成していく。同じまくらでないと眠れないとか、首にタオル地の感触がないと眠れないという成人もいるが、その意味でもこれらの対象は心的経験、とりわけ情動面の安定を作り出すための外的装置であることが分かる。
こうした移行対象の特質として、ウィニコットは以下の条件を挙げている。[1]

（1）占有していることが自他ともに認められる
（2）憎しみと愛情のどちらもが注がれる
（3）それ自体変化しない
（4）無くなることがない
（5）生命力、温かさ、柔らかい感触を持つ
（6）成人にとっては外的だが、幼児にとってはそうではなく、かといって内的に生み出されるものでもない固有な位置を占める
（7）いずれ廃棄され、忘却される

移行対象は乳児の独占を許容する大きさ（小ささ）で、乳児がつかんだり、噛んだり、舐めたり、投げたりといった負荷に耐える強度があり、かつ、愛着形成のための柔らかさや温かさを持つものとして選択されるようだ。

ウィニコットは、子どもには「現実を認識し受け入れる能力がない状態と成長してその能力ができる状態の間に、中間的な状態がある」と主張する。[2] この「経験の中間領域（intermediate area of experience）」は、現実と想像の区分がいまだ不十分な領域である。

サンタクロースも妖怪もクレヨンしんちゃんも、そうした領域の住人である。だからといって移行対象は、子どもの内的イメージでもない。当の子どもの外部に見出されねばならないからだ。

この固有な中間位置を占めることのできる対象だけが子どもの心の安定を作り出し、その後、その支えとなる。それは私そのものには属さないが、限りなく私に近いものである。この局面で大人は「移行対象が幼児の内部に属するのか、外部に属するのかの決定を期待してはいけない[3]」とも言われる。この時期は、現実が何であるのかを理解すること以上に、中間領域の経験をただただ蓄積し、反復することが重要なのだ。

ヌイグルミを持つ学生

大学生になった今でも、小人を目撃することがあると答える者は確かに少ない。年間二、三例あればいいほうだ。そこで最近は、自分の部屋にヌイグルミがある学生、しかもはるか昔から持ちつづけているヌイグルミがある学生がいるかどうかを調査している。すると、およそ一割弱の学生が「今も持っている」と答える。女子の比率が高いとはいえ、男子にもそれなりの数がいる。そして彼らとそのヌイグルミの特徴を分析してみると、以下のようなことが浮かび上がってきた。

（1）古びて、汚れていても汚いとは思わない、洗ったことがない（洗う者もいる）
（2）家族内、兄弟姉妹間で共有される固有名（キャラクターの名前とは異なる）がある
（3）そのヌイグルミの写メ（視覚像）を持っている

(4)話しかけることができる(まれに表情も分かる)
(5)所有者は、友人がそれほど多くないことを自覚している
(6)所有者には、(強迫性の)潔癖に近いところがある

(6)の具体例として、温泉に入れない、とくに他人が濡れた素足で歩く場所が苦手、トイレの便座に座れない、電車のつり革が持てないといったものが含まれる。洗濯していないヌイグルミも汚いはずなのだが、自分の内的な境界に入り込んだものの汚さは許容できてしまう。

以下はそうした学生の証言である。

私には、幼稚園のころから大切にしているぬいぐるみがいる。私は彼女のことを自分だと思っている。彼女が家にいてくれるから、私は外にいけるし、家に帰れば、驚くほど安心感を覚える。心配事があれば、まず彼女の目を見るし、時々彼女は怒ったような顔を向けてくる。彼女は人の知らない私を知っている。だからといって私とちがった感情を持つわけでもない。一度、小学生の時に母親が私に激怒して、ぬいぐるみを捨てようとしたことがあった。私はその時、恐怖し、初めて母親に手を挙げ、「くそばばあ」とののしった。これには自分でも驚いた。それほど私にとって彼女はかけがえのないものであるらしい。

そのぬいぐるみは三歳のころに親に買ってもらったもので、一〇年以上ベッドの上に置いてあ

る。朝と夜は必ずそのぬいぐるみの頭に手をおいて「おはよう」「おやすみなさい」という交信(?)を昔からつづけている。必ずぬいぐるみのどこかに手を触れていないと気持ちが伝わらないと一〇年以上、信じつづけている。火事になった時の妄想では、まずそのぬいぐるみを持って逃げる想像を何度もしている。

私のパンダは、いとこのお姉さんに頼んで作ってもらったものだ。年齢は今年で一五歳くらいになる。パンダはきちんと歳を取っていると思うし、話し方も歳を取るにつれて変わっている。悲しいことがあればパンダに話す。パンダはいつも相談にのってくれる。パンダは絶対に私を責めたりはせず、私と違う考えも持たない。家のなかでは起きたらまずパンダを確認し、どの部屋にいく時も持っていく。常に同じ部屋にいなければ落ち着かない。大学にはさすがに持っていけないので、玄関においていく。そして帰ってくれば「ただいま」と言ってまた手に持つ。これは一九歳の今でも続けている。いつかパンダがいなくなってしまうのではないかと不安でしかたがない。

これらの証言は、大量にあるもののなかのごく一部であり、大学も所属学部も異なる学生たちだ。彼らのヌイグルミが移行対象なのかどうかの真偽はともかく、ウィニコットが挙げていた条件の一つ「(7)いずれ廃棄され、忘却される」という段階にまで至ってはいないことになる。

というより、(7)の特質は本当に必要なのだろうか。というのも、リアペを書いてくれた学生たち一人ひとりに会ったわけではないが、彼らに深刻な問題があるようには思えないからだ。そもそも**対象との関係を廃棄することが問題なのではなく、心の安定化を担うための対象は、繰り返しズレ、別の対象に置換されながら、反復されていることのほうが遥かに多い**のではないか(4)。

実際に精神分析家のラカンは、このウィニコットの移行対象のアイデアに感銘を受けつつも、そう考えることでより包括的な人間精神の理論体系を構築する。

対象（a）という経験

ウィニコットが言うように、確かに幼児には社会で暮らし、現実を受け入れていくための一時的なバッファ（緩衝器）、もしくは迂回路としての移行対象が必要なのかもしれない。そして問題は、この移行対象が幼児期だけに現れるものなのかどうかだ。

発達的に考えてみて、仮にある人が成人した後であっても「現実を認識し受け入れる能力がない状態」に戻ってしまうことになれば、ひとは改めて中間領域から発達を繰り返さざるをえない。理論構想上、そうなる。その場合、ひとは新たな移行対象を見つけると同時に、その対象との関わりを通して心の安定を再度模索し、作り上げる試みを行うことになる。

ここに、ラカンが「**対象（a）**」という概念を作り出し、展開した理由がある。

この対象（a）の「a」は、autreという「他者」を意味するフランス語の頭文字の小文字体である。つまり、対象（a）とは、主体にとっての「小文字の他者となる対象」である。この「小文字」の意味合いは、それが「主体（sujet）」とは異なるものではあるが、その主体に近しい他者といったところだ。

この他にラカン理論には、「大文字の他者（Autre）」というものがある。それは「小文字の他者」とは異なり主体との距離が極めて遠く、そもそも出会うことが不可能な場所において設定されている。こうした細かい理論設定については本書の手に余るため、各種ラカン派の解説書に譲り、以下では必要なところだけを抽出する。

対象（a）の理論は、ラカンのセミネール等を通して複雑な仕方で展開、変容していくことになるが、「人は生涯、対象（a）との関わりを続けていく」と彼が考えていたことに疑いはない。

現にこの概念は、ラカン派の精神分析を研究している人にとって、それ自体が研究者の安定を支える「対象（a）」になってしまうほど魅惑的なものであり、そのことが図らずもラカンの主張の正しさを裏書きしてしまう。

ラカンによる対象（a）の概念規定を明らかにし、体系化しようとすると、終わりのないテクスト解釈の森に迷い込まねばならなくなるが、それによってラカンのテクスト自体が「対象（a）」化する。その場合、ラカンのテクストを離れて研究することがどのようなことなのかが分からなくなる。

ラカンは「科学的知識の総体」がすでに対象（a）の等価物だとも述べているが、哲学者や思索家のテクストにはこうした魅力が多分に含まれている。(5) 緻密なテクスト解釈を好む人にとって、テクストの対象（a）化は不本意なことではないのだろう。それによって自らが安定するのだから。

それに対して、ここではラカンの対象（a）の魅力的な部分を拡大解釈し、現実の経験の動きに見合う形に変化させた上で、臨床的にも教育的にも大いに活用する方向に進んでみる。

本書で扱われる癖、自傷行為、離人、嘔吐、倒錯、小人、ヌイグルミ、死というコトバ、**これらすべてが「対象（a）」に関わっており、そのモードの違いとして人間の経験を捉えることで、経験を変化させるきっかけを与えられると僕は予想している。**対象（a）は、たとえ疑似的にであれ「心の安定化の定点」としてさまざまな場面で機能しているからだ。ラカンもすでにこのことは考えていたはずだ。

とはいえ、ここでの力点はあくまでも、ラカンのテクストを追思考するように精確に理解することにではなく、学生であれ患者であれ、彼らの心の疑似的な安定のゆらぎとなり、新しい心の安定を組織するきっかけとなるかぎりでの対象（a）をどのように活用すればよいのかにある。

教育や臨床といった現場は、理路整然とした説明のようにはうまくいかないこととの連続である。確かに教員や臨床家にとって、学生や患者の心のあり方についての理論的説明は、腑に落ちたり納得できたりするものであるかぎり、必要なものである。しかし非の打ちどころがない説明ができたとしても、それが治癒や発育、成長を促す手順につながっていかないかぎり、単に言ってみただけにすぎないものになる。

「確かにそうも言えるね」

「で、それでどうする？」

「いや、だから……」

このように、患者の次の経験へとつながらないことが精神疾患系の議論や発表では多分に起こる。

だから僕は、理論は必ず実践の経験による裏打ち（現実的な手続きや手順）を持ちながら構築する必要があり、かつ、その都度の「うまくいかなさ」を特定しながら進んでいくことが何よりも大切だと感じている。

何もない、空っぽの私

最小限の対象（a）の概念規定を確認しておく。それは、①**欲望の目的ではなく、原因である**と言われる。つまり主体は、まくらやタオルケット、ヌイグルミをそれとして積極的に欲しているわけではない。むしろ気づいた時には、つまり主体が主体になる時にはすでにそこに居合わせているものだ。

それは、主体の欲望が発動されるためのプラットホームの形成プロセスに混入し、種々の欲望が動き出すきっかけとなる場に染み込んでいる。それがそうした位置を占めるからこそ、主体は外部世界に対して欲望のネットワークを投げかけ、それをうまく拡張していける。

その意味でも対象（a）は、②**それ自体としては無であり、穴であり、失われた対象である**と言われる。本来それはあまりにも些細なものであり、他の人間にとってはどうでもよいものである。そのどうでもよいものが、主体の形成を、欲望のその後を、決定してしまう。**主体の形成以前には、その対象に出会う主体がそもそも存在せず、主体の出現後には、その対象は主体の形成プロセスのさなかで見失われてしまう、それが対象（a）である。**

そのため、ヌイグルミを持つ学生のなかには、自分にそのような対象があることさえ忘れている者が数多くいる。講義内で小人の話をしたり、学生のリアペに書かれたヌイグルミの話を何度も聞いているうちに、ふと、「そういえば自分の部屋にもあったな」ということに気づく学生が出てくるのである。

多くの場合、対象（a）は意識の外部で意識そのものを支えており、意識を通じて気づくことが難しい。自分の部屋というプライベート中のプライベートな領域における物事に対して、意識はとりわけ向きにくい。欲望の目的は雑多な外の対象に向けられているからだ。

それゆえ対象（a）は、僕たちに欠けているものを補塡するのではなく、欲望を満たすのでもない。そうではなく、**心の安定には、いつでも不安定化する原理的な「揺らぎ」**が含まれており、**この揺らぎの先にある虚無に、主体が気づいてしまうことを隠すために働いている**。

このことに関連して、対象（a）は、③「**剰余享楽**」の対象だとも言われる。ここで注意が必要なのが、この「享楽」というタームである。これはラカン理論のなかでもとりわけ分かりづらいものの筆頭であり、経験的な実感としても感じ取りにくいものである[6]。というのも、それは、快感原則を外れた快楽（＝**不快楽**）であり、理論上、不可能な快楽として設定されているからだ。そしてその**享楽の断念が対象（a）の剰余享楽である**と言われる。もう訳が分からないというのが、健全な感覚だ。

たとえば、享楽の事例として、わが子を叩き、激しく後悔する母親が手のひらの痛みとともに感じる享楽、会議中にコーヒーを飲もうと伸ばした手がカップを倒し、場を白けさせながらもその羞恥のさなかにある享楽、別れた恋人が部屋に残した髪の毛の匂いをこっそりと嗅ぐ享楽、誤って舌を噛んだ後の痛みとともにある血の味の享楽といったように、列挙してみる。確かにこれらは単なる「快」ではない。

しかし、このなかでラカンの享楽が関係しているのはどの事例なのか。詳細を詰めようとすれば理論的な道具立てがいろいろと出てくるのかもしれないが、素人目で見れば、もう何でもアリである。気をつけなければいけない。ラカンの享楽を経験し、理解し、実行できている人間は、いったいどれくらいいるのだろうか。またそれをどう確定するのだろう。分かる人には分かるという話であれば、それは信念、信仰の問題にすぎない。

そこでここでは、最低限の共通了解を持つために、底のないゴルフホールを考えてみる。そこに落ちてしまうと二度と戻っては来られない、そんな穴だ。享楽はこの穴とともにある。その穴の周囲をゴルフボールがくるりくるりと、今にも落ちそうで落ちない状態で何度も周回している。これが「対象（a）」とともにある心の安定の原イメージだ。

ラカンはこの穴の先にあるものを「現実界」と呼び、この現実界との境界膜となり、落下回避のための微小な段差となるものが対象（a）となる。それは「**本当はおまえには何もない、空っぽだ**」という無慈悲な通達（絶対的享楽）から、主体が耳をふさぐ最後の膜である。

穴には、何もないからこその魅力がある。絶対に飛び込んではいけないが、飛び込みたくなる誘惑がそこにある。無に落ちることへの享楽ではなく、この無の境界に触れるさいの享楽（剰余享楽）に対象（a）は関わっている。

したがって、どんなにささいなものであっても主体の最後の砦として機能するもの、しかも見えない仕方で機能するもの、それが対象（a）である。ラカン研究者であるジジェクが言うには、「なるほど欲望の対象＝原因〔対象（a）〕は純粋な見かけ samblance にすぎないが、それでも、われわれの『物質的』で『実際的』な生活や行為を調整している一連の結果すべての引き金を引くのはこの見かけなのである(7)」ということになる。

口に出してはいけない

ヌイグルミについての話を交えた講義をした後、一人の学生がやってきてモジモジしていた。

「どうしたの？」

と聞いても、下を向いて何も話せない。

「ヌイグルミ？」

と聞くと、こくりとうなずく。

その学生の最初のコトバは、「こんなことを本当に話してもいいんですか?!」であった。「全然かまわないよ」と僕が伝えても、何かに本当に驚いている様子である。その雰囲気には、そのこと自体をテーマにしてしまう僕への非難とも、秘密を話してしまうことの恐れとも、その共有に近い喜びとも取れるものが含まれていた。

学生が言うには、家族以外の人が自分の部屋を訪れるさいには必ずヌイグルミを見えない場所に隠すという。もちろん名前もあるが、その名前は弟以外とは共有しておらず、弟は別の名前を持っている。そして写メもあるが見せることはできないとも言う。

「じゃあ、名前だけでも教えてくれる？」

と聞くと、

「絶対に言えません。言えるはずがありません！」

と、顔を真っ赤にしながら、その時だけは強い語気で返してくる。「口に出してはいけないんです」と本人は大真面目だ。

その学生は常日頃から眉間にしわをよせ、唇をきゅっと結んだ険しい表情をしている。会話をする時も、その表情の奥から声を絞り出すようにしてしか話すことができない。笑うさいも、いつも緊張の抜けないような笑い方である。強い潔癖感があり、大学での孤独感も強いとのことだった。

また、その学生のヌイグルミにはどうやら定位置があり、寝る時には必ずそこに置かないと寝つきが悪いらしい。だから今は、どこまでヌイグルミを定位置とは異なる場所に離して置いても眠ることができるのかを試してもらっている。

一〇センチ、五〇センチと離してみる。ベッドの下に置いてみる。ヌイグルミ用の寝室を作ってみる。何でも構わないので、ぬいぐるみとの関わりを無理のない範囲で変えてみる。そして「名前を他人に伝えてもいいか、ヌイグルミに尋ねてほしい」とも伝えてあるが、なかなかOKは出ない。

ヌイグルミとの関係にちょっとした変化が生まれることでその学生に何が起こるのか、正直なところよく分からない。特段、早急に対応すべき問題をその学生がかかえているわけでもない。にもかかわらず、ヌイグルミと学生の間には知らずに交わされている秘密の契約のようなものがあり、それがその学生の心の安定化の何パーセントかを占めていることもまた確かなのである。

ラカンの言う対象（a）は目立たないし、見えない。そのかぎりで、その学生にとってすでにヌイグルミとの関係は決定的に変化してしまった。対象（a）が失われたわけではないが、それとの関わりが共有され、複数化されようとしている。

このように、これまでの定型的な関わりとは異なる関わりが可能になる時、心の安定は別の安定化の水準へと推移するのかもしれない。そうすれば、その学生の発話や笑い方、表情の作り方に新しい選択肢をもたらすことにもなるだろう。

蝶の小さな羽ばたきがハリケーンになるように、ほんの些細なきっかけが大きな変化につながること。これは心の再組織化の鉄則であり、バカにはできないことである。

まなざし、声、乳房、糞

ラカンは、対象（a）には四つのタイプがあると何度も語っている。

そのタイプとは、「まなざし」「声」「乳房」「糞」の四つである。[8] それぞれは僕たちの身体から切り離せない原型的なイメージであり、精神分析の理論構想にとって不可欠なものだ。すべての対象（a）がこれらのタイプに振り分けられる必要はないだろうが、この四つには他のものとの置き換えが利かない固有な経験が含まれている。

（1）まなざし

これは感覚で区分すれば、視覚の特性を持つ対象（a）である。ラカンの有名な理論のなかに**鏡像段階論**というものがある。簡単に言えば、心も身体もうまく統合できていない乳幼児は外側からまなざされることでみずからのまとまりを作り出すということだ。

その典型が「鏡像」である。鏡を見たことのない乳幼児は、自分の顔を「視覚的には」知らない。

鏡を通して自分の顔を初めて見る時、何が起こっているのか。

そこに写し出されるのは、誰だか分からないまなざしを持つ他人である。しかも多くの場合、見知った母に抱かれている他人である。最愛の母が微笑みながら抱きかかえる見知らぬ者、それが鏡像である。この他人にまなざされること、そしてその視覚像を自分の顔として徐々に引き受けていくプロセスが、鏡像段階と言われる。

母にまなざされ、鏡像にまなざされ、ぬいぐるみにまなざされること、総じて**見られているという経験のなかで自分を形成し、安定させる場面が必ずある**。学生のリアペにあった「コインのお月様」や「ホコリの天使」は、このまなざしタイプの対象（a）である。

つまりこういうことだ。母や鏡像、ヌイグルミからのまなざしだけではうまく自分のまとまりを形成できないか、維持できない場合、欲望は実在の系列を離れて小人を仮定する。**正確には、小人から見られているという経験を仮構する**。ここでは、小人が実在するとか幻覚にすぎないといった認識問題ではなく、とにかくまなざされるという経験を作り出してしまうことが問題になっている。

実在、非実在にかかわらず他者のまなざしを感じ取ることは、人を不安にし、所在なくさせる時もあれば、落ち着かせ、安心させる時もある。それがきっかけになって感情が波立ち始めるか、波立った感情が平静に戻る。犬や猫でも活用しているのがこのまなざしの経験だ。

スタジオジブリ作品『借りぐらしのアリエッティ』では、アリエッティという小人の一家が人間に発見され、住み慣れた家から旅立たざるをえなくなることが主要ストーリーとして組立てられている。

ここに対象（ａ）の理論を援用すると、別の景色が開けてくる。アリエッティが最初に発見されるのは、離婚した片親に面倒を見てもらえず祖母の家に預けられた少年、しかも心臓手術を控えた少年によってである。より正確には、**アリエッティに見られている**ことに少年が気づいてしまうことからすべてが始まる。その後、少年はアリエッティとの関わりを介して、彼女とその一家の旅立ちを助けることになる。

とはいえ実際は、少年こそが、小人をきっかけにみずからの心の安定を再獲得し、強化し、成長していく。そして小人の一家が消えるとともに、少年は手術を受けることを決意するのだ。だとすればこの物語の核心は、対象（ａ）を通じて少年の心の安定が別の水準に移行することだったと考えることができる。

ラカンが語る逸話に、ボートの上で、海上に漂う光り輝く空き缶に見つめられるというものがある。「缶はお前なんかを見ていない」という漁師の言葉に対して、「それでも缶が私を見ていたのです」とラカンは感じ取っている[9]。少々かっこよすぎる気もするが、ラカン自身、何度も自分のまとまりを作り直さなければならなかった局面をくぐってきたのだろう。

暗がりで何かに見られている、背後に誰かがいる気配がするといった「被注察感」は日常的にもよく起こることである。実際、振り返ってみても誰もいない。その際それは、まなざされることで安定を確保したい主体の隠された欲望の裏返しであり、対象（ａ）のささやかなリアクションなのかもしれない。

（2）声

これは聴覚的な対象（a）である。先天的な視覚障害を持っている人であっても、心や人格の安定は確保できる。そのかぎりで、ひとは鏡像段階を経ようが経まいがみずからの心のまとまりを形成していく。視覚を持たない人にとっての「まなざし」とは何か。それが「声」である。刺さるような声、染み渡るような声、眠気を誘う声があり、ささやきは外からやってくる天啓に近い。

面白い実験データがある。[10] 生後一年ほどの乳児にカバとヘビのビデオを見せてみる。ただ見せた場合、乳児はどちらに対しても等しい時間の割合で視線を向ける。しかしその後、大人が周囲でひそひそと怯えた様子で話を始めると、乳児の視線はカバよりもヘビに対して、より長い時間向けられるようになる。

ヘビが乳児にとって本能的に恐ろしいものであるのかどうかは分からない。にもかかわらず、ささやき声をきっかけに外部世界にたいする注意のネットワークが切り替えられるらしい。

逆から言えば、ささやかれ、声をかけられる状況にいるなかで、主体は自らの外に注意や欲望を向け始める。まなざしと同様に声は外側から主体を取り囲み、心のまとまりを組織する力を持つ。

真夜中、何か小さな物音が聞こえる。家の軋《きし》みなのか、冷蔵庫のファンなのか。タンスの引き出しからも何か聞こえる。寝静まった部屋の空気をその物音が切り裂いていく。その時、主体の注意は研《と》ぎ澄まされる。どこかへと向けて、意識は強いまとまりとして凝集する。そうした物音は、すでに原初の声である。

学生のリアペにあった、誰から来たのか分からない「手紙」は、声の対象（a）であろう。手紙はいつ届くかは分からず、来た時にはすでに消えている他者の痕跡である。呼びかけられ、声をかけてくるものが現れる時、心は緊張し、ばらばらな心の集積を拾い集めなければならない。

声には、まなざしにはないリズムと強度、振動がある。子守唄と揺りかごで揺られながら、心の安定が維持されるのはごく当たり前のことであり、「あの人の声が聴きたい」という想いは話される意味内容には関係がない。声のトーンやニュアンス、強度の変化に包まれることが主体の安定を支えるのだ。

ふとメールが来たと思ってスマートフォンを手に取る。しかしメールが来た様子はない。確かに音が鳴ったか、バイブ音が聞こえた気がしたのだ。あるいはメール着信を示すランプが光ったようにも見えた。しかし連絡は来ていない。こうした経験をする学生は意外に多い。

この場合、主体が意識して注意を向ける以前からすでにスマホに見られ、スマホの背後にいる他者によって声をかけられることを欲している主体がいる。携帯やスマホを手放すことができないことのなかには、声の対象（a）の関与がある。誰にも必要とされていない自分に気づかないように。

（3）乳房・糞

乳房と糞は、どちらも生命を維持するのに欠かせない生物学的な対象である。口と肛門は原初の生命に必要な最低スペックであり、それらは腸を介して直結する。というより腸の両端の裏側を折り返したものが口であり、肛門である。そのため乳房と糞の対象（a）では、蠕動《ぜんどう》する腸のように、太古の生命も経験していたはずの触覚的な特性が前面に出てくる。

余談になるが、人間の体内には何百兆もの細菌が共生しているという。人間の細胞の総数が六〇兆ということだから、その数の多さに圧倒される。そしてその大半が腸内で生息しているのだ。生命の乱舞は腸でこそ行われており、これらの細菌が消化の働きを支え、代謝の働きを支え、免疫系の働きを支えている。

だとすれば漬物をつける糠床は、人間が外に作り出した腸の一部とも言えそうだ。発酵細菌は納豆やヨーグルトと同様に、人間の腸内の細菌ネットワークの働きを調整する。だとすれば漬物は、日持ちをさせるという保存機能以上に、人間の体調を管理するパラメータではなかったのかということだ。まだ浅い、ちょうどよい、漬けすぎだといった漬物の漬かり具合から明日の便の様子が分かるように、腸の働きを昔の人々は外在化してきた気がするのである。腸の外付けデバイスである。

結婚する際には糠床《ぬかどこ》を分けたり混ぜ合わせたりしながら、腸とその細菌のネットワークを遺伝とは異なる仕方で伝えてきたようにも思える。かりにそうだとすると、スーパーで買った漬物を食べることしか知らない現代の日本人は、何か大きなものを見失ってきたのではないか。この糠床こそ、腸を介した乳房と糞の対象（a）なのかもしれない。

本題に戻ろう。もともとタオルやヌイグルミといった移行対象の多くは接触の快に通じていた。触れるということは距離をゼロにすることであり、受け入れられるものと受け入れられないもの、つまり同化と異化の境界を作り出すことである。この境界は物理的、生理的な境界とは異なり、肉体的な厚み、外圧を通じて形成される。

乳房を押し当てられ、窒息する寸前に母乳が注がれることは、子宮という外壁で作られた境界の次に作られる、乳児の身体の境界である。外側から押し付けられ、押し返すことで作られる境界がある。乳房はこうした身体形成に深く関わっている。

自閉症の当事者研究の先駆けでもあるT・グランディンが動物の「締めつけ機」を自作して、自分の身体に外圧をかけると落ち着くことを発見している[11]。触覚的な対象（a）は、外圧を通してまとまりを作る経験としても機能する。すっぽりとタオルケットで包まれることは、実は同時に乳児の身体形成も行っているのだ。

乳児は、生後一ヶ月ですでに母の母乳のにおいと他者の母乳のにおいとを嗅ぎ分けられる。乳房と乳首、母乳のネットワークが、生まれた後の彼らの世界である。その後、そこに排泄の快が加わることで精神分析のお決まりの発達段階である「口唇期」から「肛門期」への移行が示される。対象（a）としての乳房と糞は、この発達の最初期に関係している。

だからこそ、この最初期のものは成長するにつれて分離され、廃棄され、失われねばならない。失われた対象という「対象（a）」の規定は、乳房と糞によくフィットする。

より正確には、乳房も糞もいつでも実在しているが、それらとの関わり方が決定的に変化するのである。「離乳」「断乳」「おむつ離れ」といった日常語はあるが、「離視」や「断聴」「まなざし離れ」は聞いたことがない。ラカン研究者のブルース・フィンクに倣えば、「対象（a）とは、失われた仮説的な母子一体の残余＝想起させるもの[12]」であることになる。

かりにこの喪失や切断が起こらず乳房に糞を塗り、糞に母乳を滴らせるように乳房を汚し、糞を崇める欲望が止まらなくなれば、そこは倒錯の世界、健全な感覚から見れば吐き気の世界となる。

とはいえ、最も近くにあるものが最も汚れているというのは、よくあることだ。ヌイグルミもスマートフォンも実はとても汚い。手垢、涎、唾、鼻水……。とにかく汚い。にもかかわらずいつでも自分と接触させ、肌に触れる近さに置いておくことが主体の心の安定に寄与してしまう。そのかぎりで生きることはいつもすでに倒錯的である。

どこで読んだのかは忘れたが、ある本のなかで、子どもは最も弱いものでありながら同時に最強の存在であると指摘されていた。何もできないひ弱な存在、それが泣き声を上げる時、周囲の大人たちは慌てふためき、駆け寄り、声をかけ、その叫びをなだめようとする。そのかぎりで周囲をコントロールし、我が物にできるのが子どもである。最弱にして最強。子どもの万能感の育成はこうした状況にも依存している。

その子どもが万能感をいっそう強化するコトバを手にいれる時がある。それが「糞」「うんこ」である。そのコトバを手にした時の彼らの「したり顔」は、それ以前の幼児の顔のレパートリーにはない成長を示している。

彼らはそのコトバを大声で連呼し、駆け回る。子どもはそれが公衆の前では発言してはいけないもの、自分の身体から出る汚いものだということを知っている。そしてその語を聞いた大人たちが慌てふためくことも知っている。

子どもはこのコトバを連呼しながら、とても大切な経験を蓄積させている。いずれ彼らは「うんこ」とそのコトバの連呼に飽きていく。毎日毎日繰り返される排泄行為とともに、そのコトバを発することに飽き、それに別段、注意が払われなくなる。

したがって子どものそうした発言は教育上は確かに抑えられるべきであるが、他方でそのコトバは対象（a）として、彼らの心を新たな組織化の水準へと移行させる準備を行っているのだから、無理に抑えるべきではない。大人は恥ずかしい顔と戸惑いを、あえて見せてあげればよい。いずれ「うんこ」は見失われた対象になるからだ。

対象（a）を活用する

先に分類された対象（a）のタイプは、徹頭徹尾、精神分析の概念である。それは母子関係、父子関係の物語につらぬかれた概念である。理論上はそれでいいのかもしれない。

しかし実際の患者と向き合う臨床場面や学生との教育場面においては、理論的な枠組みとは独立に、その主体の心の安定だけが最重要課題となる。

家族関係にどんなに収拾のつかない問題があったとしても、その主体の心が強くしぶとく安定して前に進んでいけるのであれば、対応する必要はないからだ。

したがって、ある患者や学生にとっての対象（a）の特定は大切なことではあるが、もっと重要なのはその対象（a）の活用とズラし、複数化、そしてネットワーク化につなげる実践行為の模索である。対象（a）を特定するための生育史的な物語化は、それが主体の心の安定化に寄与するかぎりで必要な補足材料にすぎない。

ラカンが述べていたように、精神科医や教員が患者や学生の「対象（a）」になること、あるいはウィニコットの移行対象になることは非常に大切なことである。医者も教員も、患者や学生の欲望の目的であってはならない。彼らの欲望のネットワークが立ち上がるためのプラットホームのなかに、そっと目立たずに居合わせること、これこそが欲望の原因としての対象（a）の機能である。

小児科で長期入院を余儀なくされている子どもに、担当医師が小さなマスコットのヌイグルミをまくらのそばにそっと置いて、「ここからいつでも見ているからね」と言い添える場面がある。あるいは研究室を訪れた学生に年季の入った古書を手渡して、「読まなくてもいいから、机の上にでも飾っておいて」と伝えてみる。精神科の臨床では、「この薬は本当に大変になった時にだけ飲めばいいから、あとはお守りのように肌身はなさず携帯しておいてね」と言い添える。こうした何気ない行為と対象との関わりが、彼らにとって決定的な変化の兆しになることがある。

何がきっかけになるのかは分からない。無理強いもできない。にもかかわらず優れた教員や医師、セラピストはそっと相手の懐に入り、目立たない、見えない仕方で対象（a）になってしまうか、対象（a）をそっと残していくものだ。

今後もし、小人に出会ってしまった知人がいた場合、大切なことは、その小人の実在をめぐって議論したり否定したりすることではない。そうではなく、小人を経験したその前後に、その人に何が起きていたのかを本人を通して、あるいは別のネットワークを介して知ることである。

そして小人のどのような特性を通して、その主体が心の安定化を行おうとしているのかを見極め、次の対象（a）を見つけることである。

第7章

死という「コトバ」に取り憑かれる

死は主観的立場からすれば、
ただ意識に襲いかかるだけである。

ショーペンハウアー『死について』

あまたいる人間のなかで、ごく一部の人が「死」というコトバにとらえられ、翻弄され、魅惑されてしまう。うつ病や、発達障害で苦しむ人にもそうした傾向は見られる。その場合、死というコトバに向かって思考も感情も行動も組織されていく。その行き着く先が自殺である。

自殺を止める行為は、コトバによる説得ではない。説得できる人はそもそも自殺をしない。だとすれば、説得をしながら、それとは異なる経験を用いて、死との関わりを、死というコトバの内実を、死に基づく行動のパターンを変えてしまうか、ズラしてしまう必要がある。そこには幾つもの経験の選択肢があることを実感させてしまわねばならない。

生を死からだますこと、死にそびれたとしても生きられること、大丈夫、死ぬには及ばないと言えること、そして死というコトバがその人から忘れられてしまうこと。

そのためには何が必要なのか。ただ居合わせるだけではだめだ。死への依存が別の依存に置き代わるだけだからだ。「これくらいで死ねるか」という野太い魂にどこかで出会えねばならない。

世界という枝葉に引っかかった生

死というコトバに、小学生のころからとらえられてしまった学生がいる。ある時その学生に、別の学生から打ち明けられた「自分は子どもを産みたくない。なぜなら自分が苦しんできたこの苦しみを子どもにも味わわせるなんて耐えられないからだ」という悩みについて意見を尋ねてみたところ、次のようなメールの返信があった。

稲垣先生

「自分と同じような人生の苦しみを味わわせたくないから、子孫を残したくない」と言っていた人のあれこれについて少々。何となく心に引っかかっているので……。

分かると言えば分かるけど分からないなぁと思うのです。

直接お話を伺ったわけではないのであれですが、「自分と同じように人生の苦しみを味わわせたくないから」というのは、自分のことについて圧倒的に否定的であるようでいて、やはり肯定的なような気がするのです。

「子供が苦しむ」ということを絶対的に信じているのではなく、「（この）自分が絶対的に子供を苦しませる」と信じているのかな、と。

何というか、それほどまでに自身の影響力が強いと確信しているような印象も少し受けます。

一〇人の人と知り合ったら、一〇人が自分のことを嫌悪するだろうというのと、一〇人の人と知り合ったら、一〇人とも自分のことなんかに興味を示さないだろうという、違いでしょうか。

ニュアンスが伝わるか、とても不安です（笑）。

前者はどこか自分の「存在感」を信じているな、と思います。

後者は、何というか、コメントしがたいです（笑）。

似ているような似ていないような対比で引っかかることといえば、環境学の金属中毒についての講義で話題に上がった、名古屋大学の女子大生の殺人事件＋中毒事件について少々調べたのですが、その女子大生が言っている（間違っていたらすみません）、「『殺したい』人はいないけど『殺してみたい』人は沢山いる」もちょっとひっかかります。

似たような文言だと、「『死にたい』とは思わないけど『死んでみたい』とは思う」みたいな、これも、なんか引っかかるなーと思います。

稲垣先生、ひっかかりますか？


この微妙な差異へのひっかかりが、メールをくれた学生にとっては無視できない問題であるらしい。子どもを残したくないという学生には、確かに強固なエゴが見え隠れしていた。

そのことを、この学生はどこかうらやましくも思っている。というのも自分にはエゴという確固たるものもなく、かろうじて世界のなかで生がつづいているという空疎な実感しかないからだ。柔らかな無気力感にいつも包まれている。木の枝にひっかかった風船のように、ちょっとした風で空に舞い上がってしまう危うさとともに、生が世界にひっかかっているだけだという。

積極的に生きるということが、どういうことなのかが分からない、生きる意志とか、生きるための価値とか、そうしたコトバはただ空転するだけで、とにかくしんどくてたまらないという。この学生とはすでに三年目の付き合いになったが、頭がよく、観察眼もピカイチである。

死というコトバ

「なぜ私は生きなければいけないのでしょう」
「死にたい、死にたい」
「誰にも気づかれないように、この世界から消えてしまいたい」

毎年と言ってよいほど、こうした発言をする学生が少なからずいる。講義で顔見知りになってから、ぽつりと言う学生もいれば、研究室に何の前触れもなくやってきてとつとつと話し始める学生もいる。タイプとしては、持っていき場がないものをかかえて、とにかく誰かに話を聞いてもらいたい学生と、自分の思いとして生きることの無意味さ、死ぬことの正しさをきっちりと議論をして確かめたい学生とに大別される。後者はある意味で強固な確信を持ち、そのさらなる裏支えを求めている分だけ前者よりも知的で厄介である。冒頭で挙げたメールの学生も後者だ。しかしどちらも他者との関わりを受け入れる余地がある分、まだ救いがある。

おそらく大半の人は、こんな思いや問いに囚われることがないまま人生を送るのだろう。子どものころ、宇宙の壮大さと自分の卑小さに慄《おのの》いて、人は何のために生きているのかといった問いをふと考えたくらいであろう。多くの人にとってそうした問いは追憶のかなたにあるし、それが日常を生きるということだ。

それに対して、その思いに囚われ、その問いを胸にいだいてしまった瞬間から後戻りができなくなる人がいるのも確かだ。本章は、この生と死に囚われてしまうことがテーマになる。

人間はコトバを手に入れた哺乳類である。あるいはコトバを手にすることで人間になった哺乳類である。コトバは経験にかたちを与える。直のものからの距離が、コトバによってもたらされる。「生」というコトバは生きていることそのものとは似ていない。しかしそれは、僕たちが直に生きていることから離脱し、それをまるで一つの対象であるかのように扱えるようにする。

「私の人生って……」と語れることが、宿命的な世界からの人間の離脱を意味する。そしてそのちょうど裏側に「死」というコトバがまとわりつく。

動物にも生と死はあるのだろうか

この問いかけに対して、誰もがそれを首肯《しゅこう》するはずだ。しかし本当のところはよく分からない。イヌは自分が生きていることを、生というコトバもなしにどうやって感じ取り、理解するのか。今後の生き方について思い悩むイヌやネコをイメージしてみる。すると、それがいかに擬人化されたフィクションになるかが分かる。

確かに野生動物は、真っ直ぐに獲物へとまなざしを向け、それを捕捉し、食べて、糞をして寝る。あるいは逆に捕食され、あっという間に世界から消えてしまう。人間の認識を離れたところで彼らにも生や死があるかはとても難しい問題だ。空腹や痛みはあり、恐怖や深い悲しみもあるだろう。それは神経系の仕組みからも高い精度で予測されることだ。だからまた、命が尽きる瞬間を感じ取ることもあるのかもしれない。そうした行動事例の報告は確かに後を絶たない[1]。しかしそれでもなお、彼らに生と死があるのかは分からない。

死の宗教社会学で著名なR・エルツは言う。人間の場合、

有機的な出来事のうえに、さらに信仰・感情・行動の全複合体が加わってくる。いやこの複合体が、死に固有の性格を与えている。われわれは、生命の消えるのを見るけれども、〔人間の場合には〕この事実を特別の言葉で言い表わそうとする。魂が他界に行くのだ、そこでかれの父たちと会うのだ、といった具合である[2]。

「悼む」という経験は、死というコトバなしにどのように成立するのだろうか。愚直なまでに生に密着しているということは、生そのものをとらえることも死を理解することも難しくする。

この地球上で圧倒的な多彩さと比類のない数量を誇る生命が、細菌、植物、昆虫である。彼らは毎日、大量に新しく生み出され、毎日膨大な量が消えていく。この出現と消滅の明滅的な運動が、何の感情も感慨もないままに繰り返されることが、この地球で行われていることである。

ここには「善く生きること」も「生き損ねてしまう」こともない。これは自然界におけるささやかな事実である。現に、僕たちの体を構成する六〇兆もの細胞と、それを取り巻く何百兆もの体内の細菌は、人間個体のなかで出現と消滅を繰り返している。しかし僕たちはそのような生と死は、気にも留めない。そこには生と死のコトバがないからだ。

それに対して人間は、身内や近しい人の死、あるいは自分の死が問題になると、そこに膨大なコトバを生み出す。人間は細菌ではないし、昆虫でもない、人間は人間だからだと言って。「**実存**」という哲学的主張が出てくるのもこの辺りからである。なぜゴキブリの実存やタンポポの実存、バイオマスの実存が語られないのか。実存主義は過度に人間化されている。そしてこの過剰さには、それにふさわしい理由がある。

フーコーは遺作となった作品『快楽の活用』において、人間の生と死の戯れは「性」「身体」「健康」「知恵」といったコトバのネットワークのなかで行なわれると述べている[3]。生や死はそれ単独の事実というよりも言説化され、人間化された事実である。ただ人間だけがみずからの生に執着し、死にも執着することができる。死に取り憑かれることは、単に痛みがあったり、苦しかったり、悲しかったりすることではない。「死」を意識するということは、生の極限へと向かって、思考も行為もすべてがそこに収束するようにして経験のまとまりが作られてしまうことを意味する。

自分が唐突に、末期ガンによる余命宣告を受ける場面を想像してみる。まったく自覚症状はないのに手のつけようのないところまで病気は進行しているという。口のなかの唾液の味がわずかに変わり、世界の現れがすっと向こうに遠のいていく。これは死に取り憑かれることのイメージレッスンである。

距離を取るためのコトバが、逆説的に死からその距離を隠してしまうことがある。死へと向かう思考や行為だけが、その人が生きることの安定を作り出す。そして安定すればするほど、思考も行為も、死へと向かう道程にさらに組み込まれていく。ある学生はホームセンターなどに行くと必ず練炭とロープが置いてある場所を確認するという。そうしないと落ち着いて他の買い物ができない。死への道筋に花を添えるのが練炭であり、ロープである。そのような、死と死にまつわる対象に関わっているかぎり、その学生は安定している。こうした人間に多く出会っていると、何が彼らの注意をそこまで死というコトバと経験に駆り立てるのかが気になり始める。

死に憑かれる者

以下は、死というコトバに取り憑かれ、苦しんでいる学生の証言である。

件名：唾と蜜

こんにちは。
初めまして。
先生の授業を履修している者です。
先生のお話をお伺いしたくて、メールを送らせていただきました。
お忙しいところ、恐れ入ります。読んでいただければ幸いです。
最近、常に考えていることがあります。人間はなぜ生きているのでしょうか。
We are the earth intruders.
私はこの世に自分が存在する価値、意味、理由がまったく見出せません。
存在価値以前に、存在の証明すらないと感じています。

生きているのが辛いです。

ボタン一つで私が消えてしまえばいいのに、と思います。

毎晩、眠れなくてずっと泣いています。

明け方になってようやく泣き疲れていつの間にか眠っています。

眠ったまま次の日の朝に目を覚まさなければいいのにと考えます。

泣くことはもうずっとずっと前から癖のようになっています。

もし、痛みや苦しみのない死に方があるのなら、今すぐにでも実行したいです。

少しでも気を紛らわせるために、泣かないために、学校へ行き、最低限の勉強と課題をこなしてはいますが、毎日かなり無気力です。

感情は理性で抑えられる。だから人間は偉い。こんなことを恥ずかしげもなく言う人間はおかしいです。

現実逃避したいのか、本ばかり読んでいます。

犬を観たら、生きる気力が出るかもしれないと考え、パソコンで犬の動画を観たり、ペットショップに一人で行ったりもしました。

でも、狭いケースのなかからガラス越しに遊んでと訴えられ、悲しくなるので最近は行ってないです。

このようなメールを送るということは、消えることを止めて欲しいという気持ちが少なからずあるのかも知れませんが、今の私はただ話を聞いて欲しかったんだと思います。

レポート

太宰文学が好きな人間には太宰の霊が憑いている、という都市伝説があるようですが、私はまさにその一人のようです。夢がないから、よくないのです。将来の夢、将来への期待、やりたいこと、かなえたい願い、そういったものがないから未来が見えない。死んでしまってもいいのだと思える。ただただお金を消費するだけの人間なので、家族に対しても、生きていることが申し訳なくなります。指先からだんだん灰になってさらさらと風に流れて消えたらいいと思います。

太宰のことを考えれば考えるほど、太宰のことを考えなければならない。ああ、でもどうして太宰はすぐに自殺行為に走るのだろうか、死ぬことが一番美しいと言っている、自分はどうして生きているのだろう、生きてどうしろというのだろう。ご飯を食べることが、まだ生きていたいと願うことと同じだと思えてどうしようもなく、いやらしいと感じられることがあります。考えれば考えるほど泥沼でした。やっと一日を過ごすことができても、また一日がやってくる。ただその繰り返しです。

レポート

私は中学のころ、聖火リレーの伴走者として走らせてもらったことを覚えています。あのころは、今より頑張っていたと振り返ってみてそう思います。一つのピークでした。高校では、大学へ行くのが怖くて足踏みをして、他にすることもなかった結果、予備校に通うことになりました。高校に比べてゆるい校則でのんびりできていたのですが、受験も迫ってきた秋、気持ちが落ち着かず、一人で近くの枯れ山に入りました。あたりはシーンと静まり返って、波の立たない水面のように澄み切っていました。私はかつてない静寂に包まれて、自分の頭のなかのざわつきがすっと静まっていくのを感じました。私にはどこかで神秘体験をしたいと思うところがあるようです。

何とか大学に入れることになったのですが、入学の時期は初めてのことが多く、何かと感動し新鮮な気持ちになれました。この時が一番、脳が覚醒していたと思います。それまでの殻が壊れて「今」を強く感じ、「今」がそこにありました。親元から離れたことで、自立するという意識が強く芽生え、内観的体験というような、頭がすっきりして、これまでのことをはっきりと思い出せたり、とにかく心が充実していました。

毎日が過ぎていき、慣れてきた大学二年の時、私の頭にはすでに「死」がありました。そのきっかけは、自分の部屋に放置してあったパセリにうごめくウジを見た時、自分の最後を想像し、自分の終わりはどうなるのだろうかと、死に関心が向いたことだと思います。自分がこいつらにたかられることを考えると悔しくてたまりませんでした。

それは、旅行をしたくて入ったサークルでは居場所を見つけられず、透明人間で、自分の存在価値に危機感を持ち始めた時期でもあります。人はいずれ死ぬ、だから生きる。そう気づいたころです。四年生になってても自信がもどってこず、怖くて、とにかく逃げたかった。インターネットの掲示板を見て、ネガティブな言葉のシャワーばかりを浴びて過ごしました。学校は遠のき、試験は受けず、単位が足りなくなり、そこからさらに二年かかることになりました。

彼らには共通して、両親や友人、恋人との関係のうまくいかなさ、社会で生きることのうまくいかなさがある。しかしそうしたことは多くの人が経験することでもあり、そうしたすべての人が死に取り憑かれるわけではない。彼らは、死に過敏になる閾値《いきち》を超えてしまう場所を何度も潜り抜けている。

また彼らには、どこか決定的な陶酔感もある。件名「唾と蜜」の学生とは二年近く頻繁にメールのやり取りをつづけ、休学もはさみながらどうにか卒業することができた。その最初のメールのタイトルが「唾と蜜」だった。文章中には突然、英語の一文が挿入されている。ふざけているわけではない。どこか自分の苦しみの現実と、コトバの甘美な用い方が釣り合ってしまい、そのことに本人も気づいてはいない。この学生は女性だが、たびたびメールで「僕」という人称代名詞を用いてもいた。同様に、太宰治に触れている学生の「指先からだんだん灰になってさらさらと風に流れて消えたらいいと思いました」といった表現にも、どこか詩的で、幻想的なニュアンスがある。こうした陶酔感が意識に浸透しながら、自分にはそもそも生きる価値がなく、このまま生きていても社会にとっての負担になるだけであると確信している。

この学生は二人とも涙腺が弱く、ちょっとしたきっかけで涙があふれてしまうところがあった。こうした学生は意外と多いが、それら学生のすべてが死に囚われてしまうわけではない。泣いて泣いて、疲れ果てて眠ることを繰り返し、心をポジティブに動かす成功体験や嬉しい経験があっても、毎回それらすべてを根こそぎにするほど泣きつづけるという経験の蓄積が、彼女たちにはある。

最後の学生は死を意識すると同時に、みずからの生のピークを繰り返し感じ取っている。それは中学時代の生の充実であり、かつての今の実感である。それが曇り、淀み、ざわつき始める時、死というコトバが現れる。一人枯れ山に入り、神秘体験に近い経験もしている。「すっきり」「すっと静かに」「はっきりと」という形容が物語るように、この学生にはいつも頭や意識に愚鈍な重りのようなものがまとわりついている。そのことが、もはや取り戻せない人生のピークをさらに純化し、注意は死へ向けられていく。

とはいえ、この学生は他方で腐ったパセリにたかるうじ虫を見たことで、死にたいする強い嫌悪も感じている。これはまだ一つの好機である。死にたいする両面感情があれば、生への執着が動き出すこともあるからだ。

「人はいずれ死ぬ、だから生きる。そう気づいたころです」と書いているが、こんなことは本当に気づくべきことなのだろうか。そう気づいたからといって何かが変わるわけではない。しかしそんなところにまで当人の注意と気づきとが動員されてしまうところに、彼らの固有性がある。

太宰の毒

先ほどの太宰治を愛好する学生は、太宰のコトバに囚われている。その心性が共鳴し、振幅し、同調する。彼のコトバの意味を、自分が生きることと区別できないほどに重ね合わせてしまう。死や朽ちていくことの美しさと、生きて食べることの卑しさとがくっきりと対置され、空腹が起こるたびに死が意識される。太宰治は何度も自殺未遂を繰り返し、最後、玉川上水に飛び込み、思いを遂げる。太宰にはいつも心中をするパートナーがいた。時にパートナーだけが死んでしまい、そのことがさらに太宰を苦しめることになる。

太宰は「死ぬには及ばない」と言って力を抜くことが極めて下手なタイプの作家である。その点で、同じ無頼派と言われてきた坂口安吾とはまったく異なる気質を持つ。太宰の作風には没落すること、朽ちることの愉悦、死の甘美さが浸透している。

しかし他方で、その嘘くささにもどこかで気づいている。自分の生についてのどんな説明にも「必ずどこかに嘘の間隙が匂っている」（『東京八景』）からだ。自己陶酔の白々しさに気づいていたのも太宰本人である。だからこそ多くの批評家からその虚弱さ、告白の虚構さが見抜かれていた。坂口安吾が、太宰の生き方も作品もフツカヨイ的であると断じたのは有名なことである[4]。にもかかわらず、太宰の作品は今でも多くの人を魅了しつづけている。

正直に言うと、僕は太宰の作品を読んでいると人間が小さくなるような心持ちになる。比率は同じまま人間がちぢんでしまうような感じだ。しかし他方で、堅牢な建造物が音もなく崩れ落ちるのに似た心地よさがあるのも確かだ。それは倒錯と陶酔の入り混じった独特の快である。この二つの相反する感情の動きがぶつかり、砕け散るぎりぎりのところで太宰の作品は成立している。

それは『斜陽』の冒頭、旧上流階級の主人公の美しい母親が朝食のスープをそっとスプーンですくい上げる時、「あ……」とかすかな叫びをもらす、その瞬間の儚《はかな》さと悲哀に凝縮されてもいる。母がもらすその「あ……」は、消息の途絶えた息子や、自分と家族の行く末に起こるだろう数々の悲劇を予告し、激情でも絶望でもない、五月の雨のような柔らかな哀しみのトーンを物語に浸透させる。

ここに太宰の毒があり、陶酔へのいざないがある。それは作為の悲劇でありながら、同時に運命の悲劇となる。そのため彼には「遊び」がない。あったとしてもそれは滅びのための遊びであり、悲しいほど深刻な遊びにしかならない。

たとえば一家団欒《だんらん》といった、身近にあるささやかな幸せに手が届きそうになると、そこから逃亡し、酒や女、博打《ばくち》におぼれていく人たちがいる。その幸せがささやかで平凡であればあるだけいたたまれなくなり、自滅行為を選択してしまう。およそそれは本人の選択にすらなっていないのかもしれない。太宰自身の言葉を借りれば、「多くの場合、人はいつのまにか、ちがう野原を歩いている」（『東京八景』）ことになる。本人が望むか望まないかには関係なく、同じように自滅的で没落的な行為を繰り返すこと。「こんなはずではなかった」という経験に翻弄されながら、いつでもその「苦しみ」だけに引き寄せられてしまう生き方があるのだ。

太宰に関する病跡学的研究からは、彼はシゾイド（統合失調質）であったり、ボーダーラインであったり、自己愛性であったりと多くのパーソナリティ障害の特質が見えるらしい。薬物依存ももちろんあった。そうしたことを踏まえて、苦しみのさなかにいながら安定すること、苦しみの渦中に何度も引き戻されること、それが太宰的生であるとすれば、ここから先は本来、「ケア」であり「援助」が必要な領域となる。

折口信夫は太宰が亡くなった後に出版された『人間失格・桜桃』の解説のなかで、太宰にとっては文学が生活に侵食し、「斜陽の虚構が先に発足し、展開する虚構の後を追って斜陽の現実が裏打ちして廻った」（「水中の友」）と述べている。

小説の虚構が現実になるように、太宰の注意や行為が誘導されていた節があると折口は指摘している。つまり現実の人物を参考に小説のキャラクターを描くのではなく、小説のキャラクターに近い人物がなぜか現実世界に次々と現れ、それに太宰は囚われ、巻き込まれていったというのだ。だから折口は、「これはどうしても、作者の肉體《にくたい》が限界になる。肉體の強靱がものを言つて、虚構を征服してしまはねばならぬ。さうでなければあぶない事になる」とも言う。

虚構の自殺と現実の自殺は、本来、重なり合うことはない。とはいえこの二つを分ける境界はそれほど自明なものではないのかもしれない。小説内の自殺も舞台上の自殺も虚構であるが、その虚構をあまりにも真摯に見つめつづけるところで太宰の作品は作られている。だから坂口安吾は言う。「本当の自殺よりも、狂言自殺をたくらむだけのイタズラができたら、太宰の文学はもっと傑《すぐ》れたものになっていただろう」（「不良少年とキリスト」）と。

このイラズラの隙間が、太宰にはなかった。子どもは、ただ遊ぶ。遊ぶために遊ぶ。そこには、こんなはずも、そんなはずもない。違う野原を歩いていることに気づいたら、ただ笑うだけである。この感覚を太宰が持つことはついになかった。

死の対話

「死に憑かれる者」の節で紹介した三名の学生たちは、生きることの苦しさから死に取り憑かれている様子が分かる。それに対して本章冒頭のメールの学生は生の無意味さ、空疎さから死の問題に直面している。より正確には、生きていることのつまらなさが生の積極性に結びつかないことの帰結としての死という問題である。ちょっと長いが、その学生からの他のメールを引用する。

稲垣先生

何をしていても「つまらない」感じが常にあります。なぜつまらないのか。分析していこうと思います。まず、何が楽しいか分かりません。ずっとつづけていたいと思うことでしょうか。しばらくするとやりたくなることでしょうか。それとも苦痛を感じないことでしょうか。胸がどきどきすることでしょうか。なぜ、胸はどきどきするのでしょうね。

何をしていても、そこにハッキリとした感情がともなっているように感じられないのかもしれません。たぶんそれは、私が私の感情をコントロールしようとしつづけた結果なのだろうと思います。それとも単に無感動になってしまったのでしょうか。それでも人並みに喜怒哀楽を感じているつもりなので、自分がオカシイわけではないんだな、と思います。ロボットでもないんだな、と感じます。ちゃんとニンゲンには違いないと思うのです。ただ、それでも人とちょっと違うのだろうかと思います。

では感情がたくさんあれば楽しいのでしょうか。あんまりそうは思いません。感情がたくさんあって、いつもそれを正直に胸のうちで爆発させていたら、とっても疲れると思うわけです。私にとって喜怒哀楽は何だか恐ろしいものにさえ感じます。いわゆる「無心」はとっても楽だろうな、と、若干の憧れさえ感じます。しかし、それは生きているのだろうか、と疑問を感じます。

意味のあることなんて、あるのでしょうか。
絶対必要な存在なんて、あるのでしょうか。

私は子供のころから、早く大人になりたいと思っていました。大人になれば周りの人も大人になると信じていました。もっと考え方や感覚が通じるのかもしれないと淡い期待をいだいていたのかもしれません。「周りの人は幼いなぁ、早く精神的に成長しないかなぁ」と生意気にも思っていたのでしょう。もっと考えればいいのに、と思っていましたが、今では「かえって考えない方が幸せでいいかもしれない」と思っているのは何だか面白いですね。

よく人生に意味などないと言うひとの言葉を聞きます。確かに、意味はないと思うのです。それを言うひとに、意味は自分で見つければよい、見つけるものなのだと言うひとがいます。それも、もっともだと思います。しかし、どうにも意味を見つけられる気がしないのです。

少し前までは意味を見つけることが目標だと思っていました。今では、意味を見つけることに意味を見出せません。意味がない、という論を立ててみると、ないものを探しているわけですから、そこには矛盾しかないように感じるわけです。たぶん私は「意味がない」という仮説をうち壊したくて、意味を探していたのでしょう。他人が見出している「意味」で、十分に説得力のあるものだったら何でもよかったわけです。しかし、納得できる理屈は、今のところ見つからないのだと思います。

（ここまで書くなかで、三回ほど「そろそろ飽きたな」と思いました。最初のうちは「思考を整理する」のはそれなりに興味深い作業だったのですが。ただの飽き性なのかもしれませんね。私は「意味」つまりは「結果」にこだわりすぎなのかもしれません。何か作業をしてみて、それがどんな変化も巻き起こさないのなら、やりたいと思わないのかもしれません）

あなたにはあなたにしかできないことがある。誰かがそう言いました。私はそうは思いません。誰にでもできることではないのですか。誰にでもできるけど、私がたまたまやっていて、あたかも私しか演じることができないように見えるだけなのではないかと思うのです。私がいなかった場所というのは、大いにあり得た可能性であるわけで、もしもそうだったとしても物事は支障なく進むと思います。動的平衡。一個くらいの変化では「生きている」この世界はまったく変わらないでしょう。変化を望んでいるわけでもありませんが（それとも実は望んでいるのでしょうか？）。

もっと言ってしまえば、私はたまたま私なだけであって、私を演じることができる人は他にもいるのではないのかと思うのです。うまく言葉にできませんね。

つまり、私の固有性というものも疑っているんだと思います。「この世界に唯一の私」ではなくて、「世界に唯一かもしれない代替可能な私」だと思います。意味、意味、と書きながら果たして意味とは何だろうか、と考えもします。

有用性のことでしょうか。

結局のところ、何に悩んでいて、何にもやもやしているのかがまったくすっきりしません。ただ考えよう、突き詰めようと思うほど、すべてのことがぼんやりと嫌なんだな、という気さえしてきます（これは気分だけがそうなのであって、本当に心からすべてを憎んでいるわけではありません。憎らしいという気持ちを認識できていないだけなのかもしれませんが）。

私は神様になりたかったのかもしれない、と思うことがあります。とても馬鹿げた考えだな、と思います。でも、あながち間違いでもなかったのだろうなと思います。人に崇められたかったわけではありません。人に認知されないところで「幸せ」をつくってばらまくような、そういうものになりたかったんだと思います（たぶん小学生の時の話です）。人間を超越した何かになりたかったのでしょう。たぶん。

結局のところ、ありふれた帰着点ですが、「私は私でありたいと同時に、私ではありたくない」という対立がこの「つまらなさ」の諸悪の根元なのかな、と思います。

積極的に死にたいとは思わないのですが、積極的に生をまっとうしたいという気持ちもあまりありません。どうしても興味がそそられたら、と言葉にすると興味をそそられてしまいそうなので今日はやめておこうかなと思います。そこが今の、私のなかでの越えないことにしているラインなのでしょう。

さて、この「つまらない」の解消法がよく分かりません。今は、考える暇もないほど忙しい状況や、それ以外に大きな問題を抱えることで注意を逸らす方法をとってみているのですが、どちらもうまくいかないなー、と感じています。結局、何をしていても問題があれば「つまらない」ところと繋がってきてしまう。なので追い込む方法でそれを払拭するのは間違いなのだろうと思いました。

いろいろと言葉にしてみようとしているのですが、言葉ばかりが上滑りしていくようで、根本的なことは何も表現できていないような気がします。どうなのかよく分かりません。分からないのか、それとも分かりたくないから分からないことにしているのか、どちらなのかもよく分かりません。

この学生との付き合いはもう三年になるが、こうしたメールのやり取りを、非定期的だが継続して行っている。学生が順調な時は、こちらがメールを送ってもまったく返信がない。「返信がない時は、元気だってことですから」とさらっと言われたりもする。

見かけはぽーっとした穏やかさに包まれており、いつもにこやかにはにかんでいる印象の学生だ。しかし文章を書かせた時の分析力、観察力はこれまで出会った学生の誰よりも優れている。だからメールのやり取りは、その都度、負けるもんかという仕方で長文を送り合っている。そしていつでも問題になるのが、死についてである。

前述の学生もそうなのだが、このように死に取り憑かれた人との対話はとても難しい。本人の深刻さの度合いが測れるまで、うかつなことは言えない。さらに応対する側にも全身全霊をかけて臨む気概が必要となる。しかもたとえそうした気概をもってしても、「どうして死んではいけないのか」という問いに確実で有効な解答を与えることはいつでも困難を極める。それはぎりぎりの綱渡りである。

死はコトバであるが、死に囚われた結果、生じる行為はコトバではない。飛び降りも、首つりも、大量服薬も、すべて現実の行為の問題である。にもかかわらず、対話をするかぎりコトバを用いなければならない。だからこそコトバの空回りが起き、どんなに説得的なコトバを投げかけても届かない現実がある。

たとえば、

「不治の病に苦しみ、生きたくても生きられない人がたくさんいる。あなたは生きられるのだから、死ぬなんてことを言ってはならない」

と伝えたとする。

「今すぐにでも死ねるなら、それほど羨ましいことはありません。できれば代わってあげたい。どうすれば代わってあげられるでしょうか、教えてください」

と、懇願のまなざしを返される。また、

「あなたが死ぬことで多くの人が悲しむし、迷惑もかけることになる」

と伝える。すると、

「迷惑をかけてしまうことはこれまでもずっと考えてきました。しかし、今後も生き続けていけば、それだけ人とのつながりができ、多くの関係を築いてしまうことになります。だとすれば、死ぬのは、早ければ早いほどいいはずです。そのための算段もつけています」

と返ってくる。実際に自殺を試みるかどうかは別にしても、彼らがそうした思考の問答を何度も何度も反芻《はんすう》してきたことは、否応なしに伝わってくる。

そして、こうした問答を繰り返していていつも思うのは、問答そのものの内実やその正誤にはそれほど意味がないということだ。**コトバで説得することはたいていうまくいかないし、説得することがそもそも問題になってさえいない。**

むしろ重要なのは、そうした問答を繰り返し行うことで、彼らに関わっているという経験を、彼らのなかに着実に蓄積していくことである。

どんなにコトバを繰り出しても彼らの心に響かず、無意味だとしか思えない問答の時間がある。また逆に、かけるコトバが見つからないほどこちらが唖然とし、それ以上、何も言えなくなることもある。どのようにコトバを尽くしても、コトバとは異なるところで決意が行われてしまっているからだ。その時の抜き差しならない空気感は、今思い出しても嫌な汗がにじむ。

しかしそうした無言の間も、彼らと関わった経験として次につながっていく。そしてそれはコトバの伝達とは異なる経路で、そのひとの何かに触れることでもある。

その何かが何なのか、ずっと考えつづけている。「魂」というコトバで名づけられてきた経験なのかもしれない。それは動物とであっても、あるいはコトバの通じない異国のひとたちとも、それによって通じ合えてしまう生命の基礎的な素地のようなものかもしれない。

自殺を止めるという行為は、そもそも哲学の教員が率先して行うことではない。実際、本当にまずいと思う場合や学生から相談があれば、精神科の先生も含めてより包括的な対応をお願いする。

しかしそれでも、関わってきてくれた学生に対して真摯に向き合わざるをえない時がある。正確に言えば、**向き合わされてしまう**時がある。こうした時、これは教育者としての使命なのか、一人の人間としての使命なのか、もはや分からなくなる。そして最終的に伝えられるコトバは、

「あなたに死んでほしくはない」

ただそれだけである。月並みであり、面白味が一切ない。しかしそれしか伝えられない時がある。

「死んではならない」と彼らに強要するのでは、本当のところ意味がない。医学的措置として、どう

しても強制的に保護する必要がある時もある。しかし彼らは、みずから死なないと選択できるはずなのだ。大丈夫、死ぬには及ばないと、次に進むことができるはずなのだ。

人間は、コトバを手にしたことで死ぬ権利を行使できる。それは植物や動物にはない、極限的に自由な行為なのかもしれない。しかしそのちょうど真裏には、その死の選択を圧倒的に凌駕するほどの強い生の選択がある。ただ生きるのではない。生きるために生きるという選択である。それができるのも人間の自由がなせる業だ。

自分を豊かにし、世界を豊かにする選択は、どんなに苦しく絶望的であっても見出せる。今よりも明日に、明日よりも明後日に、小さな希望が見つかるように生きることは選択できる。そのための道と方策と手順を、それがどれだけささやかなものであっても整えること、それが彼らにたいしてできる他者の役割である。

山に取り憑かれる

僕は五年ほど前からロッククライミングをしている。クライミングジムに通うようになって、クライマーの知り合いも増えてきた。一括りにはできないが、彼らには表現しがたい独特の雰囲気がある。統合失調症者や薬物依存者の固有さとは違うにしても、何か不可思議な気配や匂いがある。

彼らは笑いもするし怒りもする。真面目にもなれば冗談も言う。いたって普通と言えば普通なのだが、それでも深く静かな人々が多い。感情の起伏がないというのとは違う。感情はさまざまに動くが、何か微動だにしないものをその奥にたたえている、そんな感じだ。大学の研究者仲間でそういった人物には出会ったことがない。

彼らの多くは休みがあれば入山し、岩山や雪山、沢を登る。何度も同じ山に入る人もいれば、未踏の山を探して全国を旅する人もいる。そうした人たちは、山に取り憑かれていると言っても過言ではない。山のない生活はおよそ考えられないからだ。

毎年、冬山で遭難し、亡くなる人が多数いる。一般的には理解できないことかもしれないが、山の仲間の間では、誰かが怪我をしたり亡くなってしまうことはそれほど珍しいことではない。雪崩に巻き込まれ、滑落し、森に迷い込む。そうしたリスクは細心の注意を払うことで抑えることはできても、すべてを避けることはできない。登るという行為にリスクは常に内在している。

にもかかわらず、というかだからこそなのか、人は山にのめり込んでいく。身体の酷使により四肢の関節炎が慢性化し、骨折や突き指を繰り返すだけではなく、股関節の軟骨が摩耗し、人工関節の手術さえもいとわない。それでも登りつづけることをやめない人たちがいる。

三年ほど前に心理学部で教えていた学生の一人は、卒業してから山ガールというより山女になってしまった。毎年夏に立山や槍ヶ岳にある山荘に住み込みで働きに出かけている。顔は黒く焼け、化粧もせずに黙々と山との関わりを作りつづけている。「山に抱《いだ》かれるということがどういうことなのかが分かってきました」と、山女は言う。

彼ら、彼女らが「依存症」と言われないのは薬物やアルコールといった物質依存ではないからだ。とはいえ山に登るという行為の反復を、行為の「嗜癖《しへき》（アディクション）」と言って言えないわけではない。というのもそこには必ず山への渇望があり、その度が過ぎると会社を辞め、生活を切り詰め、自分の身体を限界まで酷使することにもなるからだ。その意味でもギャンブルや消費行為、性行為への依存との間に境界を引くことは存外難しい。

死にそびれた生

あるクライマーは多くの仲間を山で亡くし、自分もあの時、死んでいるはずだったとぽつりと述べていた。今でも山に入り、身体も鍛えている。しかしすでに死んでいるはずの生を送っているのだと言う。そのような人は、独特の顔つきをしている。何を見ようとしているのか、目を見てもよく分からない。時に恐怖さえ感じる。何も怖いものがないということをそっと突きつけてくる。それにもかかわらず、彼らは死にそびれたなかでさらに生きていくという選択をしている。それは山に憑かれてしまったものの宿命、宿痾《しゅくあ》なのかもしれない。死にそびれた強さである。

僕は、クライミングのイロハを草野俊達さんという屈指の現役クライマーに教えていただいている。「石の人」の異名を持つ、大きな黒縁メガネがトレードマークの素敵な人だ。

この草野さんの登りの教え方は独特である。室内でのジムクライミング（ボルダリング）で身体の基本的な動かし方に徐々に慣れてくると、次はさまざまな形状をした石（ホールド）の扱いに悩まされることになる。

がばっとつかめるものは問題がないが、のっぺりとした薄いホールドや小さくて指先の第一関節にしかかけられないホールドは、最初はどのようにして持てばいいのか分からない。つかめる気がしない。しかしそのホールドを手がかりにしなければ、次の一手が出ないルートに必ず直面する。

そんな時、草野さんに、「あの石、どうやって持てばいいですか」と聞くと、しばらく考えた後に、

「持っちゃだめだな、持っちゃ。持っているフリをすればいいんです」

と教えてくれる。

「フリ……？」

何を言われているのかよく分からない。しかしそれ以上は教えてくれないので、言われたまま、とにかく登ってみる。やっぱり登れない。すると今度は、

「身体をだますんですよね」

と言う。

「身体をだます？」

やっぱり分からない。およそこんな調子である。

しかし、フリ、フリと頭で反芻《はんすう》しながら何度も同じ課題を登っていると、ある時すっと手が伸び、次のホールドがつかめてしまい、自分で自分に驚くことになる。持てなかったホールドは、**やっぱり持ててはいない**のだが、なぜか次のホールドに手が伸びる余地が生まれるのだ。それは、身体があたかもそのホールドをつかんでいたかのようにだまされた瞬間である。

これを機に、それまでまったく進めなかったルートが登れるようになってしまう。その時の身体の実感はとても強烈で、身体と運動の組成の何もかもが変わってしまったのではないかと思えるほどだ。どうやって登ったのかもよく分からない。とにかくできてしまったのだ。その興奮からなのか、震えの止まらない手をまじまじと見てしまう。

そしてこの段階になってようやく、「持てないホールドは、持つのではなく持ったフリをするように身体をだます」という草野さんのコトバの正確さが腑に落ちるようになる。

すでに死んでいるはずの生、死ねなかった生とは、生きたフリをする生である。死から生をだますと言ってもいい。熟練のクライマーたちは、自分の身体の老化と酷使からくる四肢の慢性痛に苦しんでいる。痛みの場所をかばうことで別の部位に負荷がかかり、今度はそちらに痛みが出る。以下、その繰り返しである。痛みを身体各所に周期的にずらし、分散しながら、まだ登れると自分の身体をだますのである。

このだます能力には、まだまだ活用できる余地がある。これは強がることではない。たとえば統合失調者は、幻聴をだますことはできないだろうか。苦しんでいる自分をだまし、自傷で傷ついた身体をだますことはできないだろうか。太宰治は文学を、自分をだますことができなかった。死への囚われが、容器を完全に満たすように生きることに浸透してしまっていた。ほんのわずかな空気の隙間さえ許せないほど、生の袋に死が密閉されていた。そこには遊びもだましもない。

他者にだまされるのではなく、他者をだますのでもない。自分で自分をだませるようになる時、自分で自分を遊べるようになる時、新しい道が見えてくる。

今、生命を「余白」であると定義づけてみる。生命とは余白であり、生きるとは余白を見つけることである。この定義は、現実の生命の何パーセントを言い当てているだろうか。この余白は、何もない場所ではない。むしろそれは、次の余白につながるかぎりで「糊代」となり、「伸び代」となる、そうした余白だ。余白は気づいた時には埋められている。一杯一杯になっている。でもその先でまた

「余白」を見つけること、そうした余白にだまされつづけること。

生命とはすでに占められた空間や場所ではなく、その不在としての余白である。この余白を新たに見つけつづけることが、知らずに生命をまっとうすることになるように行為できれば、人間はもはや死ぬことができない。

現在、メールの学生は、医師国家試験に向けて、持てないモチベーションに苦しみながらも前に進んでいる。この学生は僕がメールで呼びつけてもやってきてはくれない。「別の用事があったので」などと言って、突然ふらっと研究室に現れる。そんな時は、決まって駅前の喫茶店までコーヒーを飲みに行くことにしている。

「過労死が一番いいことが分かりました」

と、最後にあった時、ぽつりと言っていた。

「仕事にとにかく没頭して、昼夜問わず働き、限界に達すれば、誰にも迷惑をかけずに死ねますよね。倒れるまでみんなのために働き続けて、そっと世界からいなくなれます」と。

まだ時間はある。今はそう考えておいてもいい。

僕と学生のだまし合いは、これからもつづいていく。

また次のコーヒーを僕は楽しみにもしているのだ。

第8章

標的に飢える「敵意」

わたしはひとを欺く者などを
すこしも警戒していない。
一切の用心を捨てなければならない。
これこそわたしの運命が要求していることだ。

――ニーチェ『ツァラトゥストラはこう言った』

他者とは本来、理解できないから他者である。その意味では、慣れ親しんだ世界のなかで他者がとつぜん牙をむく時、その時にだけ本当の意味での他者に僕たちは出会う。なぜ人はコミュニケーションを止めないのか。簡単である。他者が分からないからだ。分からないからこそ相手を知ろうとして会話を継続する。たとえ一生分かり合えないとしてもだ。

以心伝心という伝統がある。長年連れ添った夫婦は、会話をしなくても相手の思いが理解できるという。それは素晴らしいことなのかもしれないが、そこには他者が欠けている。過去の経験をお互いが投射し合って、自分の分身を作っているだけだ。自分とは会話をしないし、してもすぐに飽きてしまう。

これからの社会を生き抜くには、他者が原理的に理解できないことを、生きるための世界のデフォルト設定にしておくことが大切になる。これは他者の不可解な行動、裏切り、暴力に巻き込まれたさいに、最小限の安心の場所を確保しておくことにつながるからだ。

他者に常に猜疑心を向けるのではなく（それではただ消耗するだけである）、全面的に信用するのでもない（裏切られた時のショックが大きい）。そうではなく、自分に「敵意」を向ける他者が現れたさいに、「そうそう、他者とは本来こういうものなんだ」と自分で再確認できる心性を日頃よりも身につけておくことが何よりも必要になる。

他人の住む世界に怯えて暮らす

「他者の他者性」をテーマとする講義の最初に、「そもそも人は他人と分かり合うことができるのかどうか」を学生に尋ねることにしている。話し合ったり時間や経験を共有することで、どこかで他人と分かり合える地点があるのか、あるいはどんなに共有できるものを増やしても、結局ひとはただ一人、分かり合える場所などない、と考えるか。すると意外にも、後者の方に手を挙げる学生のほうが多い。

実際には分かり合えようが合えまいが多くの他者と関わっていかねばならないことは確かだし、そのように関わる他者のなかに信用度の差が出てくるのも確かである。

にもかかわらず、他者を原理的にどのようなものとして心に留めておくかで、その後の人生の歩み方や問題への対処の仕方が変わってくるのも事実である。

こうした講義を終えた後のリアペには、他人から「敵意」を向けられつづけてきたと感じている学生が出てくる。

私はいろいろなことが上手くいきません。いつも誰かに攻撃されていると感じます。街中で歩いていて、肩がぶつかったり、「ちっ」という舌打ちの音が聞こえると、自分が何かしでかしたのではないかと、いつもびくびくしてしまいます。知らない人の笑い声も怖く、気を抜くということがうまく分かりません。先生の話にもあったように、うちの両親のしつけは厳しく、親に対しても怖いという気持ちが強いです。仲が悪いわけではないのですが、強く出るということが、気持ち悪いほど苦手です。強いという文字も怖いです。いつものろくてびくびくしているから、いじめられもしたのだと思います。

こうした学生の多くは、自信を持つということがよく分からない。何をすれば自信を持てるのかも分からない。にもかかわらず、他人とはどこかで分かり合えるはずだと信じている。そしてまた傷つき、他人が住む世界に怯えてしまうのだ。

他人が何を考えているのか、なぜあのような行動をとるのか理解できないからこそ、私たちはコミュニケーションを止めることができない。たとえ分かった気になっただけであっても他人との関わりを作っていくのが人間の性《さが》でもあり、定めでもある。

ソーシャル・メディアが全盛を迎え、ソーシャル・スキルを身につけることがその人の価値を高めるといって大学教育にも組み込まれる時代である。何とも辛く、大変な時代だと素直に思う。

心の開き方

僕には昔から明け透けにいろいろと相手に質問し、初対面では話題にならないようなことも尋ねてしまう癖がある。なぜそんなことをするのかといえば、単刀直入に面白いことを聞いてみたいからでしかないのだが、それによって自分でも気づかず相手に鎌をかけているのだとも思う。というのも明け透けな質問にどのように答えてくれるのかによって、その人が持っている経験との距離感のようなものが一挙に伝わってくるからだ。

不意を突かれて目を丸くしたり、明らかな不快感を示したり、怪訝そうな表情をしたり、急に破顔したりするさまを見ると、そのひとの経験に触れた気になる。

逆にそういった心の開き方がまるで見えてこない、お役所的、官僚的、能面的対応がうまい人とはどうもうまくやっていけない。そんなことは僕だけではなく誰でもそうなのかもしれないが、大学の教職員や研究者と一緒に働いていると、能面人間は意外とたくさんいるし、彼らは彼らなりにそうした仕方で業務を黙々とうまくこなしている。

胸襟を開くという表現があるが、開くもなにも開かれっぱなしの人と、なかなか開かない人、開きたいのに開けない人、限定的にだけ開く人がおり、その違いが僕にはなぜかとても大切なことのような気がしている。

誰であれ友人や家族といった限定的には心を開ける相手はいるだろうし、お酒でも飲み、多くの時間を共有すれば、少しずつ開いてくれる人もいるだろう。

とはいえ、**こういったこととは何か違うことが問題になっている**ような気もしている。うまく表現できないが、たとえ心をまだ開いていなくともストレートさのようなものが伝ってくる人とそうでない人がいる。

だからこそ大切にしているのは、ファースト・インプレッションである。うらぶれた喫煙所や講演終了後の楽屋、帰りの電車内といった心がゆるむ場所での印象がとにかく心に残る。

人間観察に優れていたルソーは、相手のことを知るためには自分の本心を隠してはいけないと指摘している。

後年、わたしは人の心を知ろうとして、このようにわざとそっけない問い方をするのは、才気をてらっている女によく見られる癖だと知った。自分の心を見せなければ、相手の心をよく洞察できると考えている。が、そういうやり方で、かえって相手に心をうちあける勇気を失わせていることに気がつかない。問われるほうの人間は、そんなにされただけで、警戒しだす。そして、これはおれをしゃべらせるだけで、親身に何も思っていてくれないんだな、と考えると、それからはうそをつくか、だまってしまうか、ますます用心するかだ。つまらぬ好奇心のもてあそびになるより、バカだと思われたほうがましである。つまり、**自分の本心をかくそうとするのは、他人の心の中を読もうとする際には、いつも下手なやり方なのである**（1）。

ここでは、ルソー青年にたいするそっけない態度の女性（ヴェルセリス夫人）がやり玉に挙げられているが、これは女性だけの問題ではない。相手から聞き出そうとすればするほど相手の殻が閉じていくことはよく起こることだ。それはすでに関係の拒否であり、これ以上は近づいてくるなというサインである。

そうだとすれば、本音をさらけ出すように見せて、逆に本心を隠すこともできるのだから、人と関わるさいには明け透けな方が賢いやり方ではないかとも思う。

たとえばいったんこちらが弱みを見せると、相手はそこにつけこんでくる。しかし同時にその相手は、自分のつけこみ方を暴露してしまうことになる。「おお、こんなふうにつけこんでくるのか」といった具合である。

したがって重要なのは、本心の出し方、もっと正確にはこれが本心だと相手に伝わるような行動や発言の用い方である。顔が赤くなってしまったり感情的になってしまう時、相手はそのひとの本心に触れていると実感するものだ。それは完全な誤解なのかもしれないが、そうした時にだけ作られる人間関係の機微のようなものがある。

専門分野がまったく違っても一緒に大声で笑い合えるというのはとても大切なことだ。ファーストコンタクトで大いに笑い合えた人とはその後の関係がうまくいくという僕のなかの経験則もある。最近ではそのことが、議論を共有するより大切なことではないかとさえ思い始めている。面白いことの共有は軽んじられない力を持つ。

敵意の宛先

とはいえ、僕のこうした人との関わり方のせいなのか、それが気に食わない人も当然いる。これまでいろいろな人に恨まれ、敵意を向けられてきたという実績と自負もある。そんな時、世界には隠された敵意が満ちあふれているのだと素直に思う。

一度、携帯電話のアドレスに「恨みメール」が送られてきたことがある。真夜中に送られてきたメールだ。朝の通勤電車のなかで見て愕然とする。メールのタイトルは「稲垣諭人間失格」である。本文を開くと、怨念の「怨」の文字が画面いっぱいに並べられており、スクロールをしてもなかなか終わらないほどコピーペーストが反復されていた。

さすがに仰天して何が起きているのか思案してみたが、思い当たる節がない。送り主のアドレスも知り合いのものではなく、携帯メールのアドレスは仲の良い友人や教職員、大学院生くらいにしか教えていない。誰が何のために送ったのか、男なのか女なのか、学生なのか同僚なのか、途方に暮れるよりなかった。

大学に着くと、懇意にしている先生や職員の人にこんなメールが送られてきたから、僕の身に何かあったらこの件を思い出してくださいと冗談交じりに吹聴した。そうすることでなぜか少し気が楽になった。情報公開はこうした場面ではとても有効だ。

そうはいっても、最初はこのショックにどう対応してよいものかが分からず、いらだち紛れに「お前が誰だか、もう見当はついている」とか、「すでにこちらの報復の手配は済んでいる」とか、相手に何倍ものダメージを与える文面を送り返そうかと考えあぐねたりもした。

とはいえ、これ以降も恨みメールがつづいた時にだけ対応を考えようと腹を決め、しばらくは返信もせず、放置した。

それよりも太宰治の『人間失格』を改めて読み返し、自分は主人公の葉蔵とはだいぶ違うなという感触を確かめるとともに、メールの文章をじっくりと調べることにした。怨念の怨という文字は、黒字の背景に白い文字で描かれている。おそらく携帯の初期設定にはないフォントである。送り主はどこかのネット上でこれを手に入れたのだろう。もしかするとそのために課金までしたのかもしれない。そしてそれをコピーし、ペーストし、反復する。そんな作業を真夜中にやっていたのだろう。

そう思うと、相手もそれなりにエネルギーを使い、えいやっと僕にそのメールを送ったはずだし、少しはすっきりしたのかもしれないと思うようになった。

送られてきた当初は、駅のホームや一人でいる時の空間の角や背後といった見えない場所が気になり、自分の注意がこれまでとは違うところへ配分されていることによる焦燥感と消耗もあった。

しかし放置してから何ヶ月か過ぎてみると、やっぱり相手もあれですっきりしたのだなと思い、最初のころの感じとは大分距離が取れてきた。そして何もないまま現在に至っている。おそらく僕の行動や発言の何かが相手の感情を動かし、強い思いに彩られた送信行為に至らせたのだろう。人間関係を考え直す、自戒のための良い機会でもあった。

相手を憎んだり恨んだりすることは相当のエネルギーを消費する。本当に元気がなくなると恨むことも憎むこともできず、ただ悲しみに沈み込んでしまう。裏を返せば、恨めるということは元気の証でもある。ただその元気のベクトルの向かう先が焦点化され、どうにも身動きできなくなってしまうのだ。

攻撃してくる者

恨みメールほどではないが、年に数回、学生からも敵意を向けられることがある。毎年のことだからすでに慣れっこではあるが、それでも幾分かはこちらも消耗する。

その仕方は、直接、口頭で伝えてくることもあれば、メールやリアペを通して間接的に伝えてきたりと様々である。たとえば講義後に学生がやってきて面と向かい、「先生の講義は好きではありません」「何を伝えたいのか意味が分かりません」と、少しキレ気味に言われる。

ひどい時には、相談したいことがあるといってアポイントを取った上で、いざ話を聞こうとすると攻撃されることさえある。こうした場合、なぜ僕を攻撃するのかと彼らに尋ねても、自分にはそんなつもりはない、そう受け取る先生が悪いとさらに攻撃される。

本来、苦手な相手がいたり面白くない講義があれば、無視を決め込むか適当に流してやり過ごしてしまえばよい。攻撃性の表明はコスト戦略からいっても効率が悪すぎる。にもかかわらず、彼らはその敵意を伝えてくる。

こういう場面で、精神分析の「転移」という概念はとても有効である[2]。これは、医師と患者、教員と学生、警察と市民といった権力関係や上下関係にある人とのつながりを作る場面で、知らずに起こってしまう感情の運動パターンを特定しようとしている。フロイトによれば、それは子どもが幼少期に親に対して作り上げたパターンの反復ということになる。

精神科の臨床では、患者が父を憎むように医師を憎み、母を愛するように医師に恋心をいだいたりすることがたびたび起こる。さらに患者のこの転移性感情に医師が反応してしまうこともある。それが「逆転移」である。患者にいらだちを覚えたり親愛の情を持つことは、医師にも起こる。相手の感情に触れることでこちらの感情が勝手に動き出すのだから、それはいつでも厄介なものだ。精神科医や心理臨床家には、この逆転移を有効に活用するほどのタフさが必要となる。

攻撃をする側もされる側もどちらも消耗するというのが多くの人の実感だろう。**その場合、「あ、今、転移性感情が働いているな、まずい、まずい」と客観視できる余裕があるかを自分に問うてみることはとても大切である。**どちらも自分の感情から距離が取れれば、さまざまなことが穏便に進むからだ。

ただし運が悪いと、相手を攻撃し、貶《おとし》め、消耗させることでしか生きがいや充実感を感じ取れない人に出会ってしまうことがある。これは転移性感情とは別物であり、注意が必要だ。その典型がサイコパス（精神病質者）である。(3)良心の呵責《かしゃく》や他者の気持ち、子どもへの愛情、反社会的行為にたいする嫌悪といったことがうまく感じ取れず、とにかく相手を痛めつけ、弱ったところを見計らい、自分の勢力下に置こうとするタイプである。

認知神経心理学者のJ・ブレアによれば、サイコパスの特徴として重要なのが「情動障害」(4)である。より正確には**転位性感情の欠落**である。もし相手がこれに近い精神性を持っていそうであれば、とにかく撤退や退避の手順を進めたほうがいい。一方が消耗し、他方がそのことによって充実しているのだから、割に合うはずがない。

それに対して転移性感情による敵意には、次の展開への変化の兆しが含まれていることが多い。

「どうも好きになれない講義です」

学生との関わりだけではなく、職場内でも転移性感情はもちろん働いている。自分の感情の動き方を把握しておかないと、知らずに恨みや憎しみを蓄積させてしまう。僕にもすべては予測がつかない。だから恨まれる。注意しなければならない。

とはいえこれまでの経験からいって、転移性の敵意を直接向けてくる相手とはその後、仲が良くなることが多いのも事実だ。リアぺやメールではなく、面と向かって敵意を伝えてくるということはよほど緊急性が高いか、相手にもまだ余裕があるかのどちらかである。

ある専門学校での講義のことだ。一度目のガイダンス講義が終わると一人の男子学生が教壇までやってきて、

「どうも好きになれない講義です」

と言う。

「お、そうきたか」

と内心警戒しながら、僕は、

「すべての人に面白いテーマで話すのは無理だから、まだ一回目だし、もう少し何度か受けてみてから判断してくれないかな？」

と答える。するとその学生はぶすっとしたまま去っていった。二回、三回目の講義の終了後にもその学生がこちらにやってきては、やっぱり好きになれないと繰り返す。

「どのあたりが好きになれないの？」

と聞いてみると、

「うまく言えないけど、哲学はこういうものではない」

と言う。ではどういう哲学が君の考える哲学なのかと僕が問うと、黙ってしまう。こうした膠着《こうちやく》状態がしばらく続いていた。その後、何度か講義を続けているうちに、講義後に数名の他の学生も教壇の前に集まりだし、少しずつ打ち解けた雰囲気が作り出されてくる。

そこで僕が他の学生に、

「彼は、僕の講義が嫌いだと言っているんだけど、どうしてだと思う？」

と本人がいるところで聞いてみる。するとその学生は、すかさずあいだを割って、

「違う、違う、嫌いというか、分からないというか……」

と口ごもってしまう。

「むずかしいから？」

と僕がさらに突っ込むと、

「いや、オレにはそもそもアイデンティティがないから、アイデンティティが失われているから」

と言い始めた。一瞬、何が問題になっているのかが分からず、

「どうしてアイデンティティが失われてしまったの？」

と僕が尋ねてみても、

「そんなこと、ここで言えるはずがない」

との一点張りである。

「そうか、んー、でもそれは大変だ」

と答えて、その日はそれで終わりにした。

次の講義終了後には、その学生が、

「どうすればアイデンティティを取り戻せるのか」

と問い詰めてきたので、

「もうちょっと具体的に聞いてみないと、うまい助言もできない。マニュアル的にどうにかなる問題

ではないよね」

と答えたところ、

「ここでは言えないよ、やっぱりだめじゃん」

と言って、またふてくされて帰っていってしまった。

講義回数も中盤をむかえ、僕の方でもどうやら彼には何かあるなという思いが強くなったため、講義が終わった後に彼を呼びつけて、

「アイデンティティの件は嫌なら言う必要はないけど、講義の追加課題として、君が言いたいことをレポートに書いてみたらどうだい？」

と伝える。この講義の成績評価には幾つかの課題レポートをこなす必要があったのだが、彼には特殊レポートとして追加の課題を与えたのである。

「分かりました、書いてみます」と彼。

その後しばらくは講義が終わってもその学生がやってくることはなく、まじめに講義を受け、そのまま帰っていた。逆に今度は僕が少し心配になり、帰る彼をつかまえて、「課題レポートはどうなってる？」と聞くと、少しにやりとして「ちょっとずつ進めています」と言う。

結局、彼はレポートを提出する最後の講義まで、僕のもとにやってくることはなかった。その代わり最後の日に、三〇枚ほどもある分厚いレポートを提出していった。しかも「これを読んでください」と言ってさっさと帰ってしまったのだ。

そのレポートのタイトルが「アイデンティティの行方」である。

アイデンティティの行方

彼が提出したレポートは、その年度の学生が提出したレポートのなかでも最大枚数の力作であった。ごくまれに、普通の大学では卒論に相当する規模のレポートが提出されることがある。ここら辺も転移性感情がなせるわざなのだと思う。しかもレポートの出来不出来は不問にしても、そうした大作を提出した学生の多くがどこかすっきりとして去っていく。

そのレポートは、彼の生い立ちから始まっていた。

ごく普通の家庭の、普通の両親のもとで育てられていた彼は、特段思い出すべき印象的な記憶もないまま中学生になったという。中学二年になった時、彼にとても仲のよい親友ができる。その友人とはほぼ毎日のように夜遅くまで遊び、何でも話し、すべてを共有したいと心から思った。「こんな関係は、生まれて初めてだった」という。

ある日、その親友の家で遊んでいたさい、じゃれ合っていた拍子に親友が彼の首を絞めるような格好になった。それはほんのささいな偶然であり、悪意があったわけでも強く絞められたわけでもない。

にもかかわらず、彼の脳裏に衝撃的なイメージが浮かび上がる。それは、幼い自分の首を彼の父親が太い二本の腕で絞めている映像である。そのイメージが見えた瞬間、彼はパニック状態に陥り、身体が震え、涙が止めどもなく流れ、嗚咽が止まらなくなったという。

それを見て慌てふためいたのは親友の方である。何度も謝るその親友をよそに、彼は収拾がつかないまま何も言わずに家に帰ってしまう。

彼にとっての父は優しい存在であり、暴力を振るわれた記憶もない。それなのになぜ、自分はそのようなイメージを見てしまったのか。単なる記憶の書き換えなのか、あるいは本当にあった過去の記憶なのか。誰に尋ねることも伝えることもできないまま、何日かが過ぎていった。

さらなる異変が起きたのは、首絞め事件から彼が落ち着きを取り戻し始めたころである。突然、泣き出して帰ってしまったことを謝るために、親友に会わなければならない。彼はそう思って、どう伝えようか、どこまで伝えたらいいかを考えているうちに、親友にたいするこれまでにはない特別な感情が自分のなかに芽生えていることに気づいてしまう。それは明らかに、性愛的な感情であった。同性愛である。

首絞め事件につづき、彼は自分が同性愛者であることに気づき、またも愕然とする。「これまで自分が作り上げてきた人間関係や思い出のすべてが崩れていくように感じた」と言う。

とにかく親友には謝った方がいいと判断し、会いには行ったのだが、想いの強さが以前とはまるで別物である。目をじっと見ることも他愛なく話すこともできない。首絞め事件をきっかけに彼と親友はぎこちなくなり、それ以前のようには戻れなくなってしまった。

しかしその後も親友への思いは強まる一方であり、ある時、彼はその想いを直接伝えようと思い立つ。誰が考えても結論は明らかであり、その想いが実ることはなかった。「自分にはそういう気持ちはない。僕のことをそんなふうに見るのなら、もう一緒に遊ぶことはできないよ」。それが親友の最後の言葉である。

彼のアイデンティティ喪失の実感は、この事件をきっかけとしていた。首絞め事件と同性愛の感情とのつながりはいまだに本人も分からず、親にも聞けないままだという。

その後、彼は高校を失意のうちに卒業し、何の意欲もなく浪人生活を送っていた。「このころの自分には、何かをしたいという意志や、欲求のようなものがまるでなかった」と彼は記している。人に言われるがままやることだけをつづけ、約束があればそれにただ付き従うことで生きてきたという。

そんな彼が、親に勧められてコンビニ店員のバイトをやることになる。そして彼はそのバイトに一緒に入っていた女子大学生に恋をしてしまう。これが彼のアイデンティティを改めて揺さぶる第三の事件である。自分は男女分け隔てなく性的な感情を持つことができるのだと思い知らされることになる。バイセクシャルである。

同性愛につづくアイデンティティの喪失を通して、さらに生きることの意欲が削《そ》がれた彼は、親からの、手に職をつけるために資格を取ったほうがよいという勧めに従うまま専門学校に入学する。その一学期の講義で、彼の敵意は僕に対して向けられたのである。

確かに本人にとっては理解できない事故の連続であったのだろう。とはいえこうして彼の生い立ちを追ってみて分かるのは、実は彼はアイデンティティを喪失したのではなく、その都度、新しいアイデンティティを発見してきただけであり、そのアイデンティティの受け入れ難さこそが彼を苦しめていたということである。

レポートを読んだ後で思い返してみると、講義の中盤以降から彼のまとう洋服がピンクや赤といった原色系のものになり、こちらに向ける表情にも柔らかさが出てきていた。少しずつ何かを受け入れていたのかもしれない。

レポートの最後は、「これを書いてみて、自分のこれまでを振り返ることができ、新しい自分にも気づくことができました。これからは、周囲の目を気にせずに新宿二丁目に通ってみようかと考えています。先生、ありがとうございました」と締めくくられていた。

その後、彼は休学し、学校を辞めてしまったという。レポートを出したきり、一度も僕に顔を見せてもいない。敵意の宛先がとんでもないことへと発展したものである。講義を依頼してくれていた専門学校には本当に申し訳ない気持ちでいっぱいである。

敵意がうごめく場所

芥川龍之介が『侏儒の言葉』というアフォリズムを集めた作品のなかでこう述べている。

敵意は寒気《かんき》と選ぶ所はない。適度に感ずる時は爽快《そうかい》であり、かつまた健康を保つ上には何《なん》びとにも絶対に必要である。(5)

敵意を向けられることが時に爽快であると芥川は述べている。敵意は、どこか際立つ特性を持つ人の名誉税のようなところもあり、それを刺激にしてさらに励むことさえできる。ただし適度に、である。度が過ぎると、まるで世界に敵意が満ちあふれているように感じられてしまうことになる。

実際、いつも誰かに攻撃されてしまう（と感じ取る）人々がいる。とりわけ大学入学以前の「いじめ」の経験は、この確信と感受性を強固にすることに一役買う。以下はそんな学生の証言である。

私は一人暮らしをしているが、ある時ふと部屋で号泣していることに気づいた。ぽろぽろと涙がこぼれていたので、自分でも非常に驚いた。ひとと同じ言葉を発していても何語をしゃべっているのか分からず、他者の目が非常に鋭利な刃物のようなものに見え、震えが止まらなくなることがよくある。

こうした事故の根底には、いじめの経験がある。あれ以来「殺される」という強迫観念が共存している。基本的に、誰かから恨まれて殺される危機とつねに隣り合わせでもあるのだ。それに対抗するために、人の目をよく観察し、私を殺さない人を見分けるようにしてきた。きっとその隙間をかいくぐって私を殺しにかかる人もいるかもしれないが、自分の力を信じ、人をよく観察し、常に危機感を持ちながら生活するようにした。大学という新天地にきてからは顕著に自分という人間が変化したと感じていた。

しかし突然起きた、部屋で泣いている自分という事故。おそらく人の目を見過ぎていて、気づかぬ間に殺されていたのかもしれない。自分の死を悲嘆していたのかもしれない。自分でも意図していない、予感すらしていなかった涙であるが、自分の瞳から流れてきたのだから自分の物であるに違いない。しかしそこには一ミリも自分の意識が介在していなかった。

冒頭の学生も含め、これらリアペの学生は、世界からの敵意にいつも気を張って生活している。その息苦しさで窒息する寸前に涙があふれ出す。気づかぬうちに殺されていたのだと学生は言う。

こんな緊張状態がつづいていたのであれば、敵意などまるでない会話や視線からも攻撃を感じ取ってしまうことになる。こうした学生には、いつでも撤退できる敵意のない場所が必要だし、攻撃の力を強めたり弱めたりするのがどういうことなのかという経験を丁寧に作っていく必要もある。

その学生の一人が受けていた講義の最後に、僕の講義内容に関してとにかく揚げ足をとってリアペで僕を攻撃しなさいと受講生に伝えたことがあった。書かれた攻撃の数々はどれもなかなかに辛辣で、読んでいて吐き気すら覚えた。あえて書かせたとはいえ、二度とやりたくはない。

講義後にその学生がやってきたので、「あれは相当落ち込むね」と僕が言うと、「冗談ですよ、気にしないでください」とニコッと笑う。冗談とはいえ、まったく嘘とは言えないところがキツイ。

おそらく彼らのなかには言いたいこと、伝えたいこと、吐き出したいことが山のようにある。それらのコトバを編み出しているのも敵意だし、彼らを苦しめているのも敵意なのだ。言い出せない多くのコトバを排出できる場所を一つでも見つけることができれば、局面が変わるはずである。

敵意が爽快だと書いた芥川の描く小説『歯車』では、右目の裏側でぎりぎりと回転する歯車が増殖していく感覚を持つ主人公が描かれている。彼は行く先々で自分に向けられる敵意に直面する。街行く男がまとうレインコートからも、壁に貼られたポスターの騎士からも、道を歩くイヌや梢から飛び降りるスズメからも、敵意が向けられている。つねに何ものかに見張られ、仕組まれ、狙われているかのように男は焦燥する。

なぜあの飛行機はほかへ行かずに僕の頭の上を通《とお》ったのであろう？　なぜまたあのホテルは巻煙草のエエア・シップばかり売っていたのであろう？　僕はいろいろの疑問に苦しみ、人気《ひとげ》のない道を選《よ》って歩いて行った。

〔中略〕しかしこの小みちのまん中にも腐った鼹鼠《もぐらもち》の死骸が一つ腹を上にして転がっていた。何ものかの僕を狙《ねら》っていることは一足毎《ひとあしごと》に僕を不安にし出した。そこへ半透明《はんとうめい》な歯車も一つずつ僕の視野を遮《さえぎ》りだした。僕はいよいよ最後の時の近づいたことを恐れながら、頸《くび》すじをまっ直《すぐ》にして歩いて行った。(6)

こうして小説はその終焉、敵意の破局へと向かっていく。ここでの敵意はもはや爽快であったり健康に利するものとはとても思えない。

その敵意が現実のものであるのか、あるいは被害妄想や幻覚にすぎないのか、そのギリギリのラインを小説は描こうとしている。あまりにも突拍子もない出来事を前面に出せば、一気に病的な兆候を帯びたファンタジーになり、それに対して現実の人間関係の細かなもつれを取り上げてしまうと、よく仕組まれた嫌がらせストーリーになってしまう。

学校での「いじめ被害」でもそうだが、どこまでが現実のいじめ行為と敵意なのか、どこからが当事者の被害の感じ取りなのかの区分はいつでもズレていて、確定するのが難しい。この境界を生きる者にとって感じ取られる敵意は、現実のそれと変わるところがないからだ。

こうした確定できない敵意に対して、ありえないような敵意に現実に何度も直面してしまう人たちもいる。とくに都心の駅や電車内には匿名の敵意があふれており、その敵意の被害をもろに受けてしまう人がいる。下記は、そんな学生の実際の体験である。

雨が降っている日に電車内で立ちながら吊革につかまっていると、隣にいるおばさんと思われる乗客が、持っていた傘の先端で靴を何度も何度も刺してくる。痛いと言って横を見ても、彼女は下を見てぶつぶついって、舌打ちをしながら、何度も何度も足をつついてくる。混んでいて身動きもできないし、誰も止めてくれず、無理やり次の駅で降りました。

駅で駐輪している私の自転車のカゴに、いつもゴミが大量に入れられている。他の自転車には入っていないのに。自転車が勝手に移動されていることもたびたびある。ゴミが少ししか入っていないと逆にホッとする。自転車ももう何台も盗まれ、中古のものにしても効果がない。すでに四台目です。何が悪いのでしょうか。

平日の昼間に山手線の電車に乗っている時のことです。乗車口のすぐそばの席が一つ空いていたので、そこに座りました。私の隣には、顔が隠れてしまうほどの長い髪の女性が大きな紙袋を持って座っていました。何気なく携帯を見ていたのですが、突然、コツコツと足に何かが当たり、「あれ？」と思って足元を見てみると、隣に座っていた女性が私の足を蹴っていたのです。最初は軽めだった蹴りは、どんどん強くなってきました。何が何だか分からず、怖くて、動けませんでした。

がし、がし、がしという蹴りの音は、電車内に響いており、周囲の人もその異様さに気づいたでしょうし、それがまた恥ずかしいのと怖いのとで、顔を上げられないまま蹴られ続けていました。何か言ったほうがいいし、席を立ってしまうのがいいとも思いましたが、それよりも今起きていることが呑み込めず、動けませんでした。

電車が次の駅に着いたので、ここで降りてしまおうと思った瞬間、その女は突然立ち上がり、今度は持っていた紙袋を振りかざして殴ってきました。頭めがけて紙袋をぶつけてきたのです。その時ようやく、それを見かねた周りの乗客の人が女を取り押さえようとしてくれましたが、女は意味の分からない奇声を叫んで、走って出ていったのです。もう何が起こっているのか、私は茫然自失で、助けた人に顔を向けることも、お礼を言うこともできず、ずっとうつむいたまま降りる駅まで動けませんでした。私にはよくこういうことが起きます。

こうした数々の事故は、どんなに細心の注意を払っていても、起きる時には起きてしまうタチの悪さを持つ。「それは災難だったね」と、慰めにも未来にもつながらないコトバしかかけることのできない敵意と事故がある。そしてこんな時にこそ、その人の心の安定のバランスと、その強さが試されている。

対象が明確な状況であればこちらも攻撃性を発揮し、相手に向かっていくことはできる。実際、ラッシュ時の電車内では足を踏まれたといって怒鳴り合っている乗客がいる。都会の戦士はこんなところにいたのかと、いつも落胆のため息が出る。

その怒鳴り合いの様子は周囲の乗客の無反応によって黙殺され、乗り合わせた多くの乗客の感情を静かに、そして持続的に害していく。怒鳴り合った本人たちはその後どうしているのか。戦ってすっきりしたという人はどれほどいるのだろうか。

こういう無名の敵意によっては簡単には打ちひしがれない「魂のしぶとさ」を身につけなければならない。

上記の数々の敵意による事故を、距離をとりながら笑って知人に話せるか、あるいは誰にも言えずにそっと胸のうちにしまいこむのか。またそれを聞いてくれる知人はどのような対応をするのか。そうした自分と対人関係の在りようがとても重要になる。

僕の講義では、こうしたリアペはすべて読み上げ、みんなで共有するようにしている。今後もこうした事故は起きるが、それでも大丈夫だと、魂のしぶとさを持てば大丈夫だと言いつづけることにしている。

終章

「経験の事故」のなかで、「自己」は新生する

自己自身を跳び越えること、
これが、およそ生の最高の行為であり、
生の原点、生の発生である。

……………ノヴァーリス『断章と研究一七九八』

日本語の音の面白さの一つに「事故」と「自己」とがある。どちらも「ジコ」であり、意味も原義もまったく異なる。それなのに、どこかでこの二つはつながっている。

これまでの章で、さまざまな経験の事故に巻き込まれている学生が新しい自己になっていくプロセスを見届けてきた。事故とともに、それまでの自分ではいられなくなることもあれば、事故から自己が新生することもある。

こうしたことの実践には、特効薬もマニュアル的なお決まりの手順もない。彼らの語りから経験の場所を特定し、多少強引にであれ、彼らの経験の余白に向かって問いを立て、そこへと経験を拡張してみるのだ。

そうこうしているうちに、頻繁に連絡をしてきた学生が、ある時を境にまったく連絡してこなくなることがある。一抹の寂しさもあるが、そんな時にこそ彼ら、彼女らは新しい自己を手にして、次のステップに進んでいることが多い。

教員の仕事とは、忘れられたり、飽きられたりすることで、成長を促すプロセスでもある。

学生はなぜ赤裸々に語るのか？

ここまで述べてきた通り、大学の講義を通して、とても普通では経験できないような興味深い、変わった学生たちとの出会いがあり、そうした学生の多くが自分の生きている内面世界を赤裸々に告白してくれる。それだけ苦しみの多様さや緊急さがあるということだが、いったいどうしてそのような出会いが起こるのか、僕にもよく分からない。

誤解を恐れずに言えば、そもそも僕は学生との関わりを通して彼らを苦しみから救いたいとか治療したいとか、そうしたことを意図してはいない。そもそもそんな資格はないし、それこそ傲慢《ごうまん》との誹《そし》りを免れない。

さらに、かりにそうした意図を前面に押し出してしまうと、その押しつけ感が彼らにはすぐ伝わり、蜘蛛《くも》の子を散らすようにいなくなってしまう。これはとてもバランスが難しい。

実際、あまりにも大きな苦しみを抱える学生には、知り合いの精神科医や心理療法士を、運動疾患の場合には理学療法士を紹介し、彼らに対応をお願いしている。だから、彼らを助けたいという気持ちは、たとえあったとしても多くの場合は二次的なものである。それよりも僕が大切にしているのは、自分のなかにない経験を持っていそうなひとたちへの羨望にも似た好奇心である。

一個の生命の経験、人間という出来事、その否応のなさや紛れもなさに触れることは、とてもスリリングだし、自分の経験が広がることにともなう充実感がある。

こうした傾向は、僕の専門である現象学という哲学に関係している。現象学という学問は、**世界の多様な現れ方を、そのなかで生きる主体との関わりを通して明らかにする**ことを主眼とするからだ。

それゆえ、ここには一種の無神経さと非倫理性があると素直に思う。リスキーでもある。しかしその関心がなければ限りなく偽善に近い関わりになるし、一方的な暴力にさえなると感じてもいる。

この無神経さのぎりぎりのバランスのなかで初めて、本人の意図を超えて、本人のなかの**経験がおのずと語り出す場**が作られるのではないか。「何であんなことまで話してしまったのだろう」「誰にも話したことがなかったのに」「そこまで話すつもりはなかったはず」といった話し手そのものに驚きを誘発するような語りの場は、確かにある。つまり**人「が」経験を語るのではなく、経験「が」人を通して語り出す**のだ。

実感としては、相手の悩みの真摯さに釣り合あった対応をするよりは、相手がどこか拍子抜けし、肩の荷が下りるような場所を最初に丁寧に作ってしまう方が、後の関わり方にとってよい方向につながるという僕のなかでの経験則がある。そのさい、ユーモアはとても大きな力になる。まだ笑える余地のある学生には、そこにタフさが生まれる種をまくことができるからだ。

彼らの思いがけない告白の多くは相当の体力を使いながら行われる。現に、口に出しただけで消耗してくたくたになり、泣き出す学生も多い。つまり、**告白した段階ですでに多くのことを彼ら、彼女らは成し遂げてしまったのである。**だから、それへの応答はよくやったと褒める方が正しい行為となることがしばしば起こる。この局面では善悪という倫理のコードがとても粗雑で、使い勝手の悪いものに見えてくる。

そうした意味でも、僕の無神経さに付き合ってくれる学生たちには感謝してもしたりない思いでいっぱいである。

経験の事故と自己

以下では、本書で取り上げてきた学生たちの経験の事故について、現象学という哲学の視点からフレームワークを与えてみようと思う。

ひとは生まれてから、いや胎児のころからすでに多くの経験を重ねていく。そのすべてが思い出せるわけではないにしても、脳のなかではさまざまな痕跡やつながりが生み出されてきたはずである。これらの多くの経験が、今現在、僕たちが生きている世界をなじみのある、安定したものにしている。しかしそれに反比例するように、年を重ねるたびに難しくなるのが**新しい経験をする**ことだ。四〇年も人生を生きていると、何をしても、何を食べても、どこかで「ああ、こんな感じか」というあきらめに似た感慨しか持てない自分に気づき始める。どれも似たような経験に窒息しそうになる。

経験の新しさは、どうやって特徴づけられるのだろうか？

離乳食が終わり、自分で物が食べられるようになった幼児が初めてラムネ菓子を食べる場面を見たことがある。ラムネ菓子はそれなりに刺激性が強い。そのラムネを手でつまみ、ポイと口に入れたのである。

ちょっと口をもごもごした後に、突然、驚愕とも恐怖とも言えない歪んだ表情となり、口を半ば開け、目を見開いたまま全身硬直状態に陥った。それはこの世の終わりを見てしまったかのような顔つきだった。その後、口のなかに指を入れ、とにかくラムネをあわてて掻きだすと泣き出してしまった。初めてラムネを食べた時、幼児にはいったい何が起きているというのだろうか……。

こうした経験は、成人は二度と思い起こすことができないし、繰り返すこともできない新たな経験である。

あるいは、唐突に見知らぬ外国に引っ越して暮らさざるをえなくなった自分をイメージしてみる。新たな土地での生活は、引越しを何度経験していても、その都度、独特な疲れが出る。しかもそれが言語が通じるかどうかも分からない外国であれば、不安も消耗もいっそうつのる。

この場面で、どのくらいの期間そこで暮らすのか、一人で行くのか、インフラはどうなっているのか、使い慣れた身の回りの品は持っていけるのか、といったさまざまな条件に応じて消耗の度合いは異なってくる。

もしそうした条件さえ一切分からないまま、すべての生活が新たにされてしまうことになれば、人はどのような経験をするのか。拉致被害に遭った人の経験は、どんなにコトバを尽くしても届くことのない壮絶なものに違いない。強制収容所での体験をつづったV・E・フランクルの『夜と霧』は、このあたりの経験の近傍に触れる名作である。

こうした事例とともに、経験の新しさを特徴づけていることの一つが見えてくる。それは、**これまでの思考や行動といった自分の手持ちの選択肢では対応できない事態に直面させられるということである。そこでは「経験すること」そのものが事故に遭うのだ。**

経験の事故とは、安定した世界のなかで他の誰かが事故に遭っているシーンを目撃することではない。むしろ対岸で燃えていたはずの炎が気づかないうちに自分の衣服に着火していることに近い。**事故と当事者性は、本来切り離せない**ものだ。新たな経験とは、経験の事故性に直面することである。

ひとは経験の事故に遭うと、最初は何が起きているのか分からず場合によっては収拾がつかなくなり、パニック状態に陥る。その逆に突発的なパニック状態が先行的に起こり、それじたいが事故になることもある。

経験の事故には、短期的に回復できるものもあれば、何年かかっても立ち直ることができない長期的なものもある。事故とともにそれ以前の自分には戻れなくなってしまう、あるいは事故とともにこれまでの世界との関わり方が変わってしまう、さらには事故とともに心が安定することとその実感が失われてしまう。そのような経験の事故がある。

最愛の人の死や信頼していた友人の裏切り、四肢が失われるほどの障害、不治の病の宣告、こうした事例は、すべて経験の事故を引き起こす。

経験の事故がどのように進行するのかを具体的に考えてみよう。

街中を歩いていて、不意に横道から現れた自転車に追突されるというささいな日常の経験を取り上げてみる。

横道から徐々に迫ってくる自転車が初めから認識できていればさっと躱《かわ》せばよいのだから事故が起きることもない。つまり、**事故が起きるということには、それについての認識がいつも遅れて成立することが原理的に含まれている**。確かに、横道からくる自転車と歩行者とを上から見下ろし、それら二つの衝突を観望するようにイメージすることもできる。とはいえ、このように観望された事故はもはや経験の事故ではなく、単なる見世物としての事故である。情報処理され、統計化された事故は認識された事故であり、知識の延長上に配置される他人事の情報である。

それにたいして現に自転車に衝突されたひとが、そうした観望主体になりえないのは明らかであ

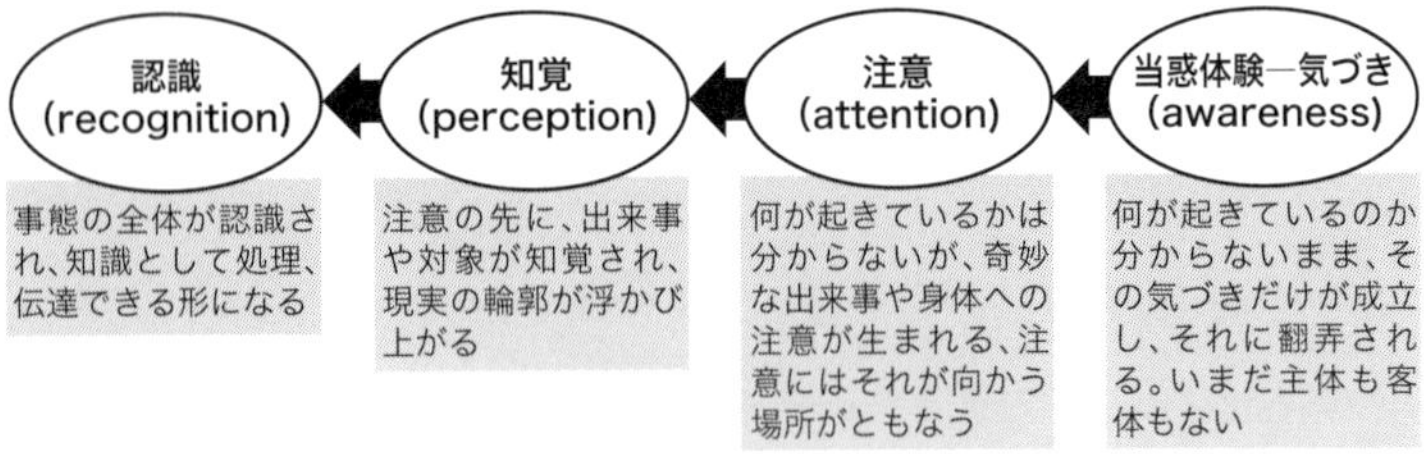
認識
(recognition)
事態の全体が認識され、知識として処理、伝達できる形になる
知覚
(perception)
注意の先に、出来事や対象が知覚され、現実の輪郭が浮かび上がる
注意
(attention)
何が起きているかは分からないが、奇妙な出来事や身体への注意が生まれる、注意にはそれが向かう場所がともなう
当惑体験—気づき
(awareness)
何が起きているのか分からないまま、その気づきだけが成立し、それに翻弄される。いまだ主体も客体もない

る。とにかく、それまでの思考や行動の連続性が失われ、異様な雰囲気のなかで何かが進行していることだけに**気づく**ことができる。

身体バランスの崩れ、奇妙に間延びした時間感覚、反転する視界、砂利のざらついた手触りと関節の軋《きし》み、鉄製の物体の音。そうしたものが断片になって現れ、体験だけが進行する。

その後、身体体勢が安定することで、徐々に周りの風景に**注意**が向き始める。そして自分が倒れていることと、その横に倒れた自転車とを**知覚**することで、おおよその事情が**認識**され始める。自分がどのように受け身を取っていたのか、身体の節々の痛みもこの段階で分かり始める。

この事例が示しているのは、認識される以前から進行している**体験プロセスの流れ**である。そこでは外的要因も内的要因も決定できず、当惑したまま体験と身体の変化だけが進行し、そこから気づき、注意、それに隣接する知覚が成立する。これが経験の事故の典型である。

苦しみのさなかにいるひとは、すでにこのプロセスを生きている。場合によっては、気づきから注意の段階にまでしかプロセスが進まず、いまだ何が起きているのか分からないまま当惑しつづけるひともいる。身近なひとの突然の死は、たとえそのひとの遺体を直視していても、うまく知覚することができない。というのも、**知覚するということがどういうことなのかが分から**

なくなってしまうからだ。

他方、幼児のラムネの事例が教えてくれることは、**彼らが経験の事故を通してその都度、新しい自分を作り出していく作業を行っている**ということでもある。

手当たり次第に多くのものを口に入れることで、「食べられるもの／食べられないもの」という区別を行うことが、それによって分節化された世界で生きる自分の獲得となる。初めて歩行する幼児は一歩一歩足を踏み出すことで、世界のなかにいる自分と身体をまるごと形成していく。そのプロセスは、不連続な事故の連続である。まさに**「自己」は「事故」から生まれる**。

そうだとすれば、どんなに辛く困難で、取り返しのつかない事故に巻き込まれたとしても、そこからもう一度、新しい自分に成り行くことができる。この可能性のなかにしか希望は見出せない。

私が学生との関わりで一番気をつけていることがあるとすれば、**どうすれば彼らの自己に事故を起こせるかということだけである**。彼らがこれまで考えたり、経験したり、言われたりしたことがない応答、解答、対応ができるか。ただそれだけを注意していると言ってもいい。事故の現象学とはそうでなければならない。

講義でもそうだ。一つの講義中に、彼ら、彼女らの経験に事故を起こすことができるかどうかだけが成否のポイントになっている。その結果、**彼らが新たな自分になるための手がかりを発見し、前進していくこと**ができれば、それは教員にとっての大きな喜びと希望となる。

る。

私は一度死んでいる

「一度死んだことがある」と、ぽつりと述べる学生がいる。最初は何の冗談かと思っていたが、異なる大学で他にもそのような学生がいることが分かると、あながち冗談として簡単に片づけられなくなる。

「自分は頭がおかしいんだと思い込んで、本当に狂ってしまったことがある」
「今ある私は一度死んだ後の抜け殻です」
「中学のころに私のなかの何もかもが壊れてしまいました」

と、それぞれ違う表現ではあるが、彼らは似たようなニュアンスを伝えてきた。

そういう告白を耳にした時には、まず学生には「はぁぁ、かっこいいなぁ」と伝えるようにしている。よく伝えてくれたという意味も含めて、実際にかっこいいと思うし、死ぬまでに一度は口にしてみたいセリフでもある。さらに、そんな返答を期待していない学生は、そう言われると驚き、少し緊張がとける。二重の効果がある。

彼らは現に生きて僕の前でそう発言していたのだから、生物学的な死を迎えたわけでも病理に陥ったわけでもない。その意味でも彼らは「一度死んだことがある」か、それに近い経験をしたと思い込んでいる。ただし、この思い込みの正誤を競っても意味はない。彼らがどのような経験をして今ここにいるのか、その内実もまったく異なるはずだ。

にもかかわらず申し合わせたように、**何かとてつもないものを潜り抜ける経験をしてきたことだけが彼らから伝わってくる。**そしてその代償の大きさが、上述の発言と、彼らの独特な雰囲気を作り上げている。

「自分が壊れる」というコトバの意味は何となく分かっても、それを実感することはとても難しい。たとえ冗談であっても、先のような発言はそうやすやすとは出てこない。では自分の身に何が起これば、そうした発言が出るのか。

これまでの経験の枠組みのようなもの、しかもそれまでは堅固に安定しており、疑いようのなかったものが一挙に台無しにされ、壊滅的になる経験の事故がある。そして彼らは運よく、その事故から生還している。つまり思考や身体の組成がまるごと入れ替わり、別のものになってしまっても、そこからまた別の安定系を獲得できる道は、確かにあるらしい。

もう二度とそれ以前には戻れないにしても、嵐が去るようにして、心と身体は別様な強さと安定を生み出せる。**失われたまま生きつづける絶望のなかには、失われたままでも生きられるという積極的な可能性や強さが残されている。**その可能性を拾い出してあげることが、何よりも大切になる。

レジリエントな心——心の関節と可動域

僕たちのからだの関節には、運動を可能にする軸がある。そしてこの軸のことを**運動自由度**と呼ぶ。指関節は曲げ伸ばししかできないが、指の付け根の関節は、上下左右、さらに回転もできる。手首も同様である。

この場合、自由度は指よりも手首の方が高い。この自由度の高さは動きの選択肢のバラエティの豊富さを意味している。人間の身体動作は、大量の関節の自由度と、天文学的に無数の運動の組み合わせパターンからなる。

同様に心にも関節があると想定してみる。自分の心の関節はどれほどの自由度を持っているのか。心の運動の方向や回転にどれほどのバラエティがあるのか。そして心の関節の自由度は、どれほど高ければ健全と言えるのか。

それぞれのひとには、これまで行なってきた無数の思考と行為の履歴がある。それによって、自分がある場面で選択しがちな思考や行為パターンの集合がおのずと形づくられている。

しかしひとたび経験の事故が起きると、人はこれまでの思考や行為パターンでは対処できない状況に投げ込まれる。心の関節の自由度は、こうした場面で試されることになる。

安定的な心のシステムが動揺し、感情が激しく揺さぶられ、思考の収拾がつかなくなってしまった時に、そこから改めて安定的なシステムに戻れること、あるいはその復帰力や回復力のことを**レジリエンス**（**resilience**）という。レジリエンスが高い心の安定化とは、ただ安定なだけではなく、その均衡が崩れたとしても、復帰できる力を備えているということだ。

足のかかとに痛みが出たり、指が一本使えなくなったりしても、僕たちは不格好かもしれないが歩行もできるし、物をつかむこともできる。身体のレジリエンスは、無数の関節自由度が補い合うことで保たれている。心もこれと同じである。たとえ不格好だとしても、もう一度、新しいスタートラインに立ち、一歩でも先に前進できること、これが心のレジリエンスである。

また、関節には**可動域**（**range of motion**）という運動の幅を決定づける限界値がある。たとえば立ったままぶらっと垂らしている腕を、曲げることなく少しずつ前方から上方に上げてみる。胸のあ

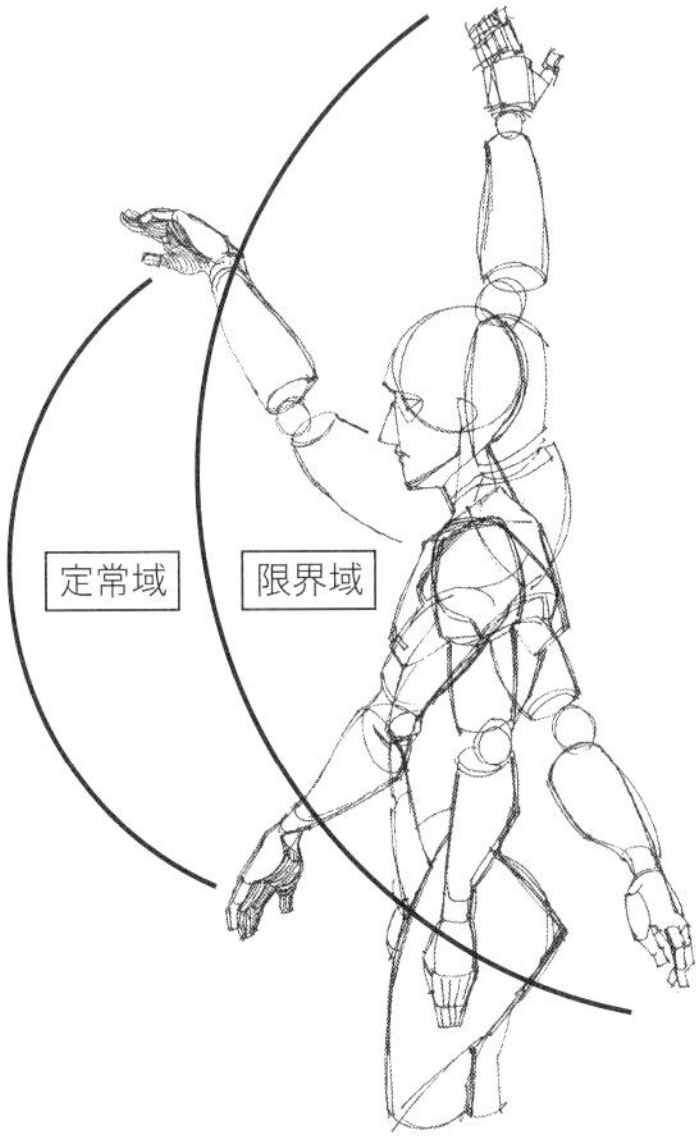

可動域の中の限界域と定常域

たりで水平になり、その後、目の高さを超えて頭の少し後ろ側まで上げることができる。肩の関節は一八〇度以上の可動域を持っている。

けれども日常生活で僕たちは、この限界値近くまでの可動域を活用することはそうない。スポーツや無理な体勢を取る環境状況がないかぎり、可動域のなかのごく一部の範囲だけで日常生活を送っている。逆に、限界域の振れ幅を目一杯使うような運動だけをしていると、すぐに消耗してしまう。

ということは、可動域には**限界域**があり、その内部に一定幅で振幅する**定常域**を持つことが、全体的なシステムの安定につながっていると考えることができる。というのも、たとえ定常域をはみ出す運動が起こってもそこにはまだ余裕があり、この余

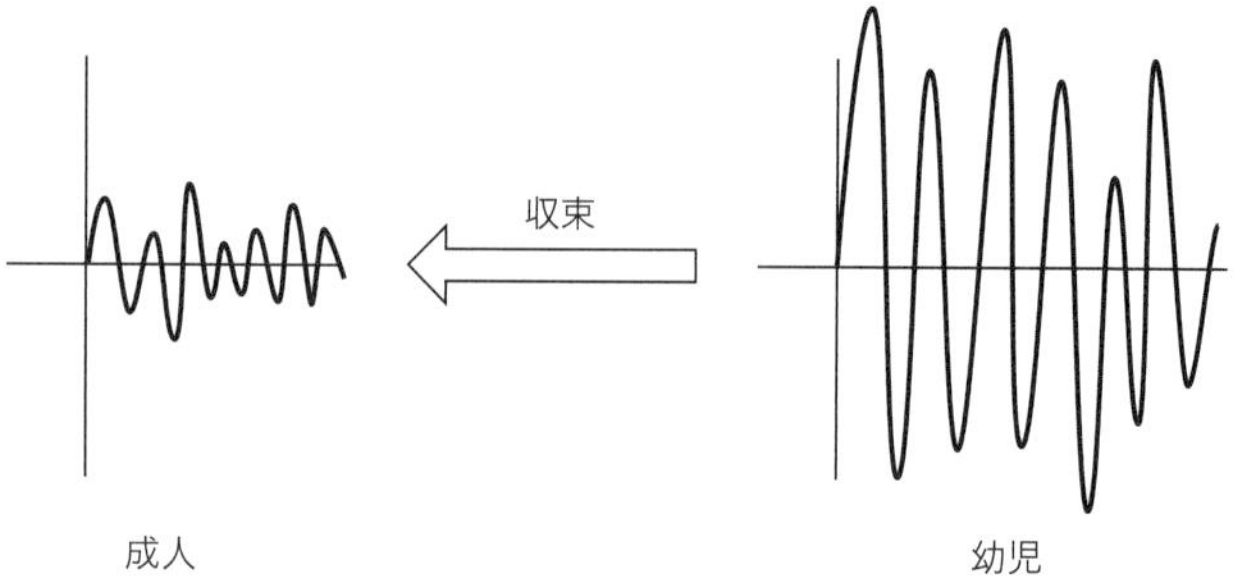

感情運動の発達イメージ

白がシステムのレジリエンスとなっているからだ。

生活習慣のなかにスポーツやストレッチを取り入れることが推奨されるのは、普段活用している定常域だけではなく限界域にまで身体を稼働させることで、知らないうちに限界域が狭くなっていたり、あったはずの可動域が消失していたりすることがないかを検証できるからである。

このことを、心というシステムにも敷衍《ふえん》してみる。心の安定を計るパラメータを何にするかはとても難しいが、ここでは正と負の感情の振れ幅から考えてみよう。というのも激しい怒りや深い苦しみは心の安定にゆさぶりをかけ、収拾のつかなさを引き起こすことは確かだからである。

二歳から五歳ごろの幼児は、言語をあやつり、会話が流暢《りゅうちょう》に行なえるようになると、多彩で急激な感情運動を発露する。典型的には、うまくできないことや思い通りにならない出来事、自分の意図を汲んでくれない他者などに直面すると悲しみにふさぎ込み、怒り、泣き叫び、罵《ののし》り、物を投げる。しかしその後、数分もすると満面の笑みを浮かべてはしゃぎながら、何事もなかったかのようにアイスクリームを食べている。「大っ嫌い」と言った

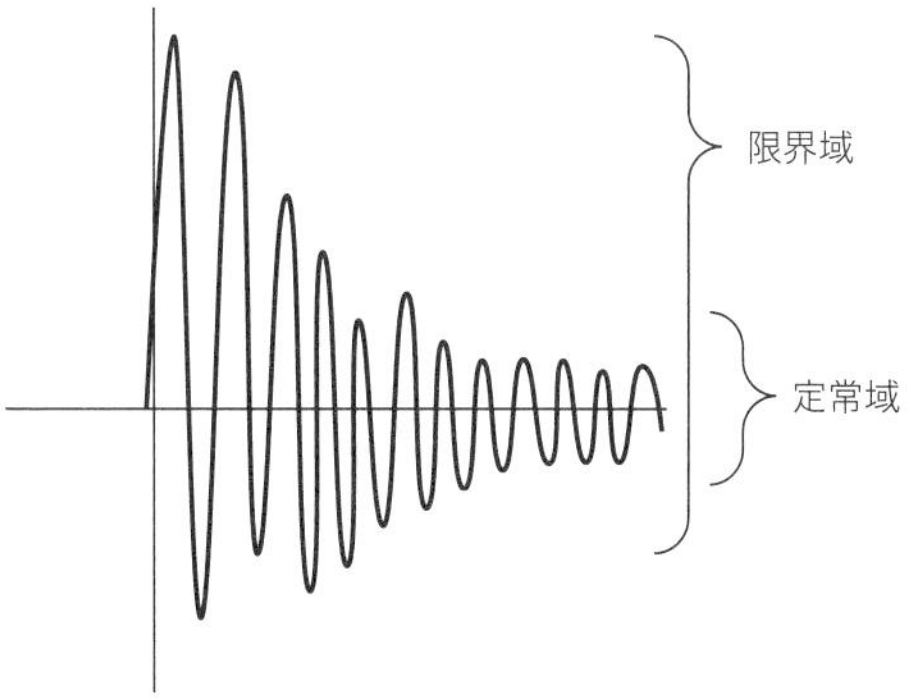

限界域と定常域のイメージ

すぐ後に「大好き」と嘘偽りなく口に出せる。

　このジェットコースターのような上下の激しい振れ幅を持つ感情運動を、幼児は繰り返し経験していく。**これらの経験を通して幼児は、感情の正と負の限界域がおのずと形成されるのを待っている**。つまり、自分の怒りや悲しみはこんなにも爆発的で深刻なものになり、喜びはここまで強く、充実したものになるという振れ幅の限界経験を蓄積させるのだ。

　そうして限界域が形成されると、次第にその中央値に収《しゅう》斂《れん》するように、感情の振れ幅は限界域内の定常域のなかで揺れ動くことになる。

　収斂が起こる理由の一つは、躾や教育を通して適切な感情の動き方のパターンに誘導されるからであり、もう一つは幼児自身がそれ以前には感情を発露することでしか対応できなかった事柄に、感情を動かす手前で対応できてしまう選択肢が増えていくからである。

　たとえば、以前なら自分では取れず、泣き叫ぶしかなかった棚の上にあるお菓子が、椅子を踏み台にして取れるようになる。そうして感情の振幅は、一定幅に収束する頻度がおのずと増える。

成人にもなれば、日常生活において泣き叫ぶほど激高したり、喜びのあまり感極まることはそうあるものではない。定常域のなかを感情はゆらゆらと動き、さまざまな事柄にたいしてそれなりの喜びの反応をし、それなりの落ち込みや悲しみの反応をする。そしてごくまれに定常域を突き抜けるほどの激しく強い感情運動にも遭遇する。とはいえその感情は、限界域内に抑えられているかぎり、いずれおのずと定常域内での感情の揺れ動きに戻っていく。

そのことは当人にも「久しぶりに怒ったな」とか「こんなに泣いたのはいつ以来だろう」という驚きに近い実感として裏書きされる。おそらくこれが、感情運動から見た成人の一般的な心の安定パターンであり、レジリエントなシステムである。

問題になるのは、心の動きがこの安定パターンに戻れないような経験の事故が起こり、さらには事故を通して安定パターンそのものが脆弱なものとして形成されてしまう場合である。

たとえばボーダーラインと言われる人々の多くは、幼児が行うジェットコースターのような激しい感情運動を、成人した後も繰り返してしまう。限界域の目一杯にまで感情の振れ幅を使い切りながら日常を生き、その感情の目一杯さを活用できないと逆に不安になってしまうのである。

また、感情の定常域が定まらないまま成人になることは発達障害においてもしばしば起こる。何か自分の意図や決まり事にそぐわないことが起こると爆発的な感情を発露し、泣き叫び、暴言を吐き、攻撃的になる。本人もそのたびに当惑し、後悔し、逆ベクトルの感情を激しく動かすことで今度は辛さの淵に沈む。限界域を揺れ動く感情の動きに飽きたり、慣れたり、そこに度合いを見出して調整し

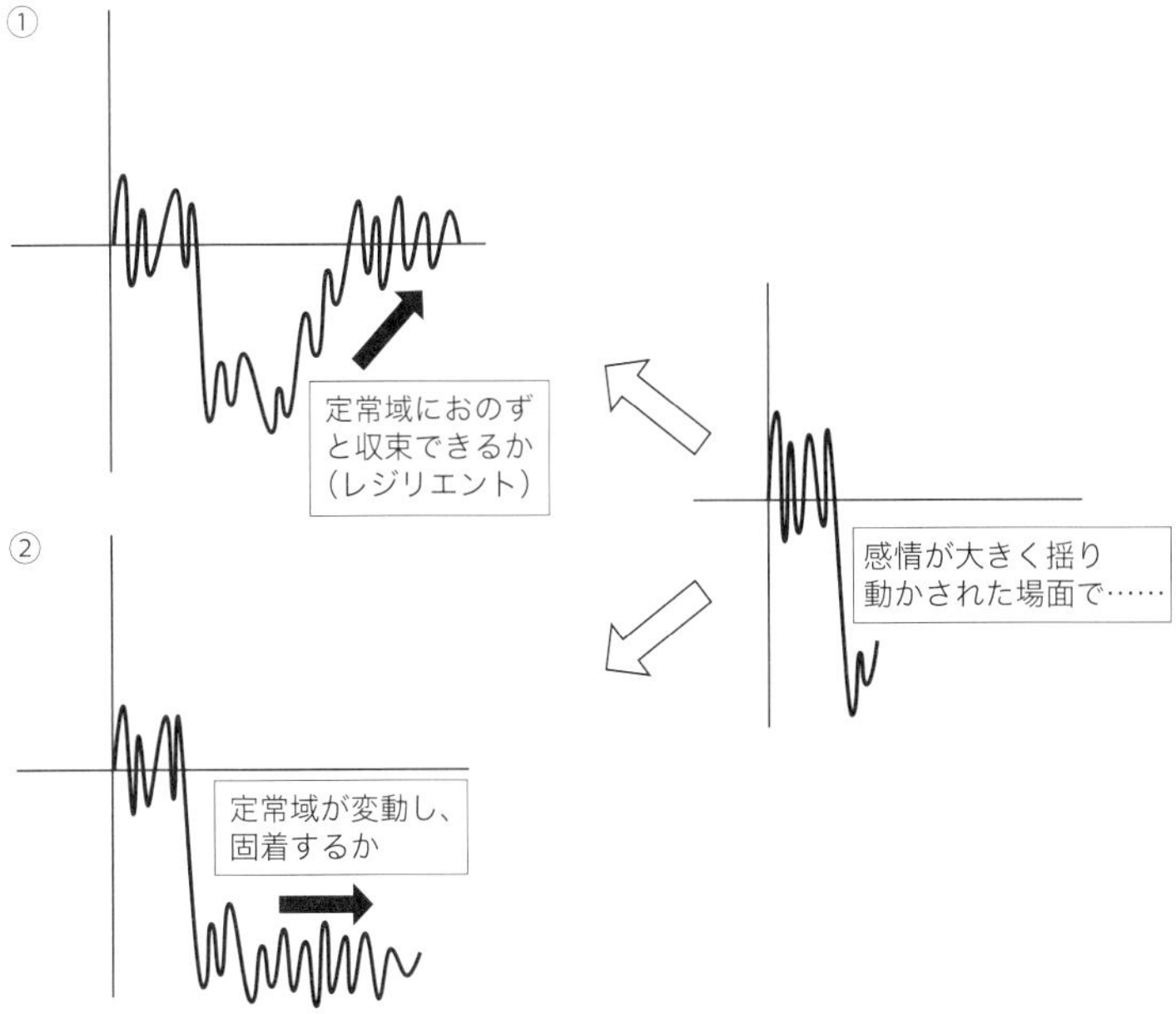
①
定常域におのずと収束できるか（レジリエント）
②
定常域が変動し、固着するか
感情が大きく揺り動かされた場面で……

たりするための手がかりがほとんどないまま、経験の事故に翻弄される。これではレジリエントな心とはとても言えない。

本書は何を行なってきたのか？

心のシステムがレジリエントかどうかは、感情を大きく揺り動かされる事故にあったさいに心がどのような振る舞いをするのかに関係している。どんなに辛い感情の動きがあっても、その後、①速やかに定常域に収束するのか、あるいは、②それまでの定常域には戻れず辛さの淵に沈みながら慢性化してしまうのかに応じて、その人の心の強さが明らかになってくる。

本書に登場する学生の多くは、こうした感情のゆさぶりに翻弄されているか、

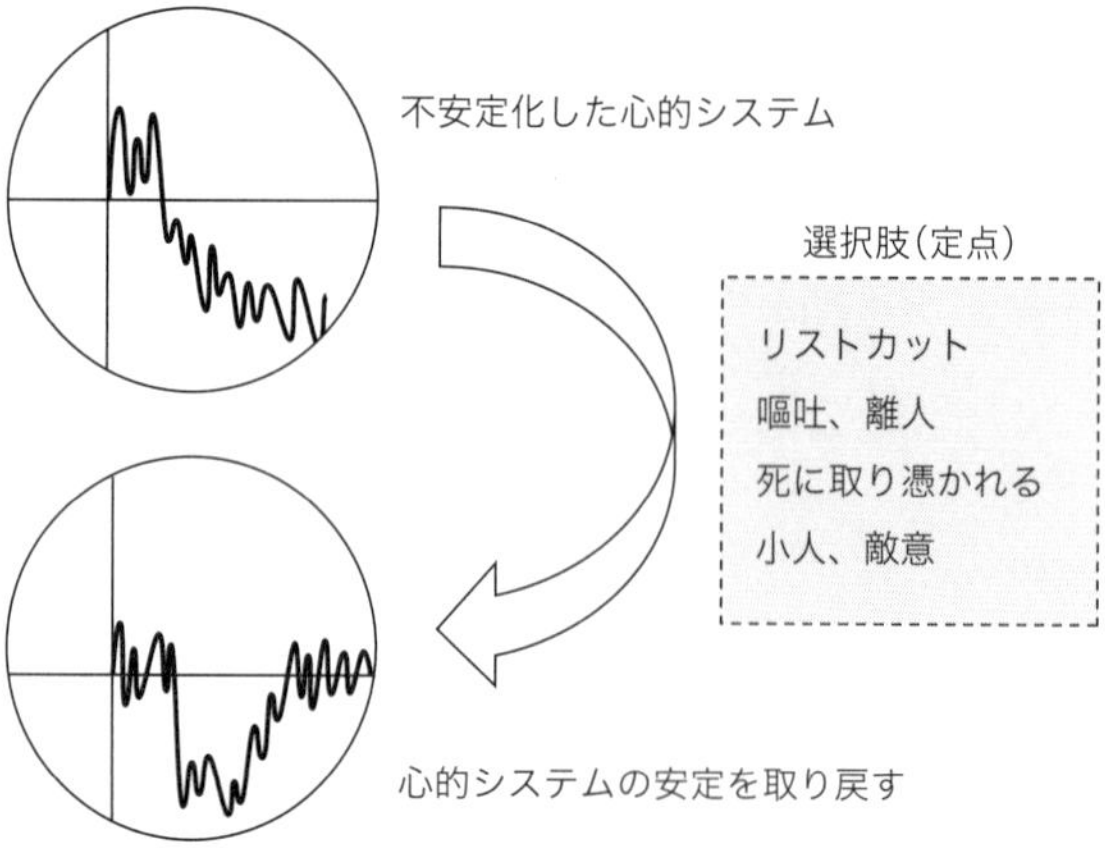

今は落ち着いていても周期的に揺さぶられてきた傾向が高い。

僕が彼らとの関わりで行なっているのは、どのような経験が彼らにとっての事故のきっかけになり、今後どのような「選択肢」を増やしていくことが彼らの心の安定をより堅固に豊かにするのかを、彼らとの関わりを通して模索しながら、一緒に前に進んでみることである。

リストカットや嘔吐、離人感覚、小人、死への囚われ、敵意といったものは、逆説的にであれ彼らの心の安定化の拠り所になっていることが多い。たとえその安定が疑似的、一過的で多分にリスキーであっても、それらを定点、支点として彼らはその都度、自分の安定を取り戻している。

それは彼らが手にする数少ない経験の選択肢であり、それらが反復されることで心の安定を支える、かけがえのない定点や支点になっている。そして他の選択肢があることに本人も周囲も気づけなくなっている。

だから彼らにたいして僕がいつも行なおうとしている

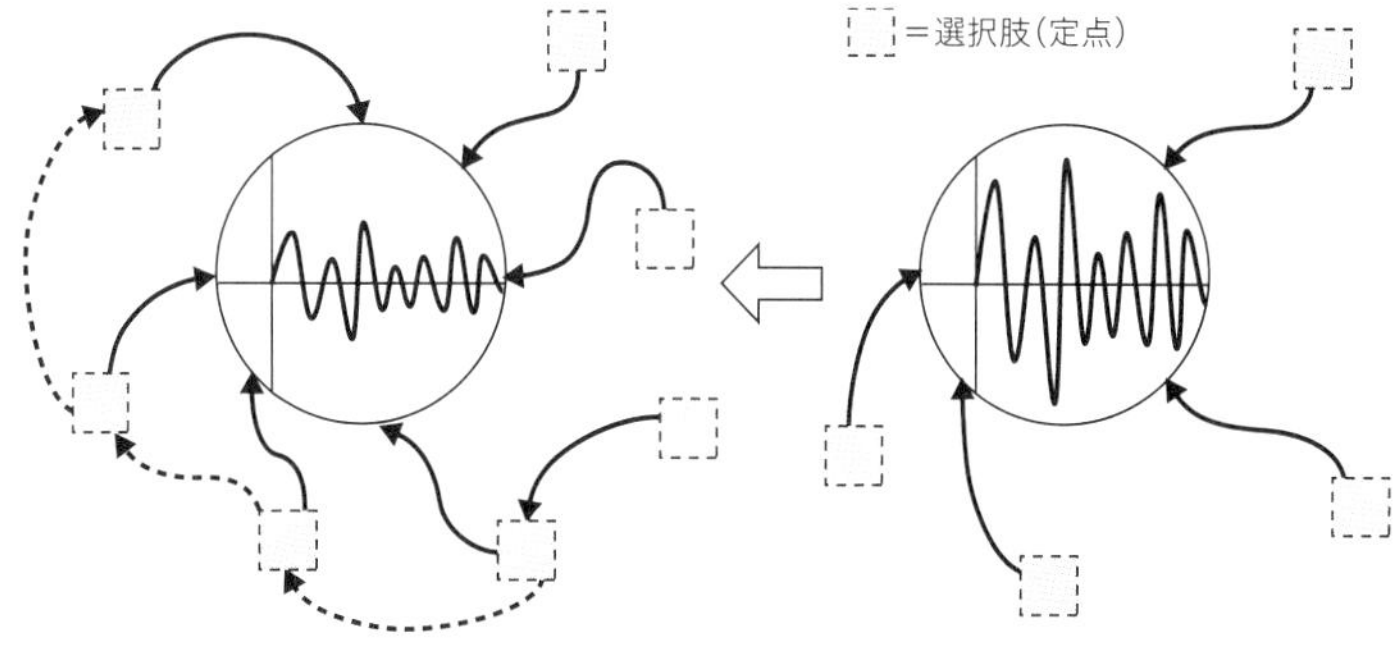

定点が複数化し、ネットワークをつくる（高いレジリエンス）　心的システムを支える定点が少ない（低いレジリエンス）

のは、彼らのなかにあっても活用されていない経験、あるいはこれまで行なったことのない経験、発したことや考えたことのないコトバ、そういった選択肢が彼らのなかにうまく育つようにすることである。それは第6章の対象（a）を増やすことでもあり、そうした心の安定を担う定点を複数化し、ネットワーク化することである[1]。

一つに頼ってもいけないし、別のものに置き換えればよいという話でもない。心の安定が揺らいだ時、自分の経験のなかに複数の選択肢があれば、実際にそれらが選択されなくても、心の余白、余裕となって、事故から心とからだを守ってくれる。

いつでも選択できるが、今はしないという仕方で、潜在的な選択肢にとどめておくだけの度量が育ってくる。本人のなかに選択の幅が生まれ、優先順序や効能に応じた比較ができるようになる。それが選択肢のネットワーク化である。「これくらいならグチを言うだけで、吐かなくても、切らなくても、泣かなくても、大丈夫だ」と言えるようになっていく。

それによって心の安定化が幾つものモードを獲得することへとつながる。あえて明文化してみると、そういうことになるのだと思う。

心の細菌になる

一九五〇年代以降、致命的な感染症の減少に反比例するように自己免疫疾患が増えているという報告が相次いでいる。自己免疫疾患とは、免疫システムが自分の身体にダメージを与えるほどに過剰に活動してしまうことである。

身近なところで言えば花粉症や喘息、アトピー性皮膚炎、関節リウマチ、難治性大腸炎といったものである。

さらには自閉症と統合失調症に関しても自己免疫疾患との関連があるというデータも出ている。うつ病も体内の炎症反応と強く相関するらしく、抗うつ剤が持つ抗炎症作用が注目され始めてもいる。

それにたいして**免疫寛容**というコトバがある。これは外界からの刺激や反応物にたいして免疫システムが極端な反応をしないということである。本来、花粉や汗、唾液のように害のないものにたいして免疫が極端に反応する必要はない。

にもかかわらず、免疫がそれらにたいして寛容になれずに異物として認定し、攻撃を始めると、その結果、鼻水や涙、痒み、吐き気、失神といった症状となる。

妊娠中の母親が出産前に触れた動物の種類が多いほど、その母親から生まれた子どもの自己免疫疾患のリスクが下がることが報告されている。その母親が農作業を手伝っていた場合も同様である。

また生後一年以内の乳児が土のなかの土壌菌に曝露し、動物との接触を行うことで、自己免疫疾患のリスクを下げることができるという報告もある。つまり子どものなかに安定した免疫系が形成される途上のプロセスに紛れ込んだ外界からの異物（細菌やウイルス、寄生虫）は免疫寛容を獲得し、そのことが身体全体の免疫系のレジリエンスまで高めてしまうようだ[2]。

生命体に大損害を与える感染症は抑え込まねばならない。とはいえ特定の細菌やウイルス、寄生虫による感染は免疫を強化する方向にかつて寄与していたし、今後も寄与することがありそうなのだ。

このことを上記の心の安定モデルに当てはめて考えてみると、本来、定常域で作動していればよい事態にたいして、限界域に達するほど感情が過剰作動してしまうことが心の自己免疫疾患となる。

心のシステムにおいても、多くの事柄に即座に、しかも一律に過剰反応するのではなく、選択的な反応を身につけること、そして必要な場面では過剰反応して対応もでき、その後、速やかに定常域へと回帰できること、そうした安定化の仕組みが必要になる。**問題は、心の安定化を高める細菌やウイルス、寄生虫とはどのようなものなのかである**。

本書で僕が行なってきたこと、そして今後も続けていくことは、学生たちに心の安定化をもたらし、それを高め、展開するための細菌や寄生虫になることなのかもしれない。

彼らに害を与えてはいけない。しかし彼らの選択肢や自由度を増やすためには、どこかで異物との出会いが、事故の経験が必要でもあるのだ。このうまい塩梅に向かって彼らとともに問いを立て、吟味しながら進んでいくことが何よりも必要になる。

免疫システムにはおのずと動き始めてしまう反応の閾値があるが、この閾値には個人的、家族的、集団的、文化的、地域的なばらつき、可変性がある。それと同様に、心の動きに関する限界域と定常域にも正しい定型はない。それはいつでも変化しうるし、変えていくこともできるのだ。

新たな安定系には無数の可能性があり、その可能性の隙間を開くことが、教育においても臨床においても、何より優先されることなのである。

おわりに

一〇代後半もしくは二〇代前半の人たちの生き方のなかには、彼ら、彼女たち固有の仕方で獲得してきた心の安定を作り出す戦略がある。それは幼少期からの生き方の履歴と、その都度の状況のなかで産み出される複合的なものであり、一〇年、二〇年先にも反復されているかもしれない戦略である。

苦しみのさなかにある彼らからしか学べないことは、おそらくたくさんある。それは一つの正解に到達することは決してないが、だからこそ繰り返し問うべき課題として残されていく。

序章の冒頭で触れたリストカットを繰り返す女子学生は、結局、その後もたまに現れてはいなくなるというパターンを繰り返した。そして二年かかってレポートを提出し、テストも無事に受けることができた。そのころには過食傾向が現れ、体重が一五キロ以上増えていることもあった。

「お弁当屋があると、無視できないんです。四個か五個買い込んで、家で全部食べてしまいます。空腹感に支配されている感じ。服も着られなくなっちゃいましたが、とめられません」

と照れながら言う。

躁鬱の感情変動が強く、その運動に釣り合わせるようにしてしか生活パターンが作れない。しかもその変動は毎回異なる強さとリズムを持っていることから、一度作られた生活パターンは次の変動の山にはもう通用しない。それはまさにコースのないジェットコースターに乗っているような人生である。

最後の講義のテストを受けて、「やっと単位が取れそうです。ありがとうございました」と礼を述べて去った後、彼女がどのようにして生きているのかは分からない。しっかりと自分の文章で作ってきたレポートだけは、今も大切に保管してある。

さまざまな変化に翻弄されながらも彼女は生きていくのだと思う。無事に卒業もできたとのことだ。激しい感情の動きに揺さぶられながら、彼女はその都度、自分が安定する行為や場所を見つけて対応してきた。それは波にさらわれる砂城のように脆《もろ》く崩れやすいものであるが、それなしには済ますことのできない疑似的な安定状態でもある。

そんな彼女のなかに、これまでにはない選択肢、しかもそれほど無理がかからず緊張もさせない新しい選択肢を見つけ、生きることそのものに変化をもたらし、疑似的であっても自己破壊の少ない安定状態に遷移させることはとても難しい作業である。薬物療法だけで対応できるようなものでもない。それはただ現状の大変さを先延ばしするだけだからだ。

僕が関わることで彼女が救われたわけではない。また彼女のほうから明確な救いを求めてきたわけでもない。ただ彼女の現実に、たとえその片鱗だけだとしても触れる機会を持ち、会話を通じて僕が関わったことが、何らかの仕方で彼女の生き方の選択肢を広げることになっていたのではないか――。その可能性を信じるより他はない。本当のところは誰にも分からないし、明確で正当な解答があるわけでもない。
にもかかわらず、彼女にはまだわずかな希望の場所があり、決して諦めきれない明日のための隙間があった。光には光にしかできないことがあり、闇には闇にしかできないことがあるように。

*

なぜ人はみずからを傷つけ、破壊する行為を反復する回路にはまり込むのか。どうすれば人はそこから抜け出し、別様の生へと展開していけるのか。痛みや苦痛の不思議な魅力とはどのようなものか。もしかするとそれは、心の安定を支えるパラドクシカルな拠り所になっているのではないか。そもそも心と身体を持つ人間の安定化を支える仕組みには、どれほどのモードやパターンがあるのか。

こうした問いは、純粋な哲学的問いとは言えないかもしれない。そこには認識論も存在論も形而上学もない。あるのは、もっと具象的で生々しくリアルなものだ。

療育にしろ、教育にしろ、臨床にしろ、主体の形成、変容、再発達には途方もない偶然性と、一瞬だけきらめく特異性が散在している。粘り強く、時に執拗に、時に緩慢に、そうしたかけらを見落とすことなく拾い集めながら傍《そば》に居合わせる試みだけが、主体の成立に立ち会うことを可能にするのだと思う。フーコーであればそれを、普遍的な理論や倫理を指し示すのではなく、より良く生活し、生きるための細々とした実践と技法に結びついた「霊性」の問題、「魂のサービス」と呼ぶだろう（『主体の解釈学』）。

哲学とはこうした経験を手がかりに生そのものの可能性、生きることの可能性に向けて問いを立てながら接近していくことである。生の余白にあるのは死ではなく、別の生である。そう、死ぬには及ばないのである。

註

序　章｜大学生の数奇な日常

(1) 荒川修作、M・ギンズ『死ぬのは法律違反です』(河本英夫・稲垣諭訳、春秋社、二〇〇七年)、参照。

(2) とはいえ、再生医療や分子生物学の発展とともに死なないための科学の運動も起きつつある。たとえば、J・ワイナー『寿命1000年――長命科学の最先端』(鍛原多恵子訳、早川書房、二〇一二年)、参照。

(3) H・ベルクソン『物質と記憶』(合田正人・松本力訳、ちくま学芸文庫、二〇〇七年)、殊に四章以下、参照。

(4) 『新版 伊勢物語』(石田穣二訳注、角川ソフィア文庫、二〇一四年)、一〇五頁。

第1章｜幸福な「痛み」

(1) J. Bentham: *An Introduction to the Principles of Morals and Legislation*, Oxford, Clarendon Press, 1892, p. 1.

(2) A・R・ダマシオ『無意識の脳 自己意識の脳』(田中三彦訳、講談社、二〇〇三年)、参照。

(3) 下地恒毅『痛みをやわらげる科学』(ソフトバンククリエイティブ、二〇一一年)、一二二頁以下も参照。

(4) G・フロイト『フロイト全集17』(須藤訓任訳、岩波書店、二〇〇六年)、五五－五六頁。

(5) デカルト『省察 情念論』(井上庄七・森啓・野田又夫訳、中公クラシックス、二〇〇二年)、二六〇頁、参照。

　デカルトは、「またわれわれが、書物の中に異常な出来事のことを読んだり、それが舞台に上演されるのを見たりするとき、それは、われわれの想像に与えられる対象の多様性に従って、ときには『悲しみ』を、ときには『喜び』を、あるいは『愛』を、あるいは『憎しみ』を、一般にあらゆる情念を、われわれのうちに引き起こす。けれども同時にわれわれは、それらの情念がわれわれのうちで引き起こされることそのことを感じて、快感をもつ。この快感は『知的な喜び』

であって、喜びではあるが、他のすべての情念からと同様、悲しみからも、生まれることができる」とも述べている。

(6) E・J・カンツィアン、M・J・アルバニーズ『人はなぜ依存症になるのか』(松本俊彦訳、星和書店、二〇一三年)、参照。

(7) この詳細と検討は、終章を参照。

第2章「自傷」の玄人

(1) 松本俊彦『自傷行為の理解と援助』(日本評論社、二〇〇九年)、参照。

(2) Shearer, S. L.: Phenomenology of self-injury among inpatient women with borderline personality disorder, *The Journal of Nervous and Mental Disease* 182, 1994, p. 524-526.

(3) アリストテレス『ニコマコス倫理学(上)』(高田三郎訳、岩波文庫、一九七一年)、一二〇頁以下。

(4) M・フーコー『性の歴史II 快楽の活用』(田村俶訳、新潮社、一九八六年)、三五頁。

第3章「離人」、静けさのなかにたたずむ

(1) この離人の症例で有名なのが、木村敏の『自覚の精神病理』(紀伊國屋書店、一九七八年)における第一症例であり、その患者は最終的に自殺している。この症例については、木村敏『分裂病の現象学 新編』(ちくま学芸文庫、二〇一二年)に所収の付録「離人症の現象学」も参照。

(2) J・P・サルトル『サルトル全集 第六巻 嘔吐』(白井浩司訳、人文書院、一九五一年)、一五三―一五四頁、参照。

(3) F・W・パトナム『解離』(中井久夫訳、みすず書房、二〇〇一年)、一一〇頁。ここで紹介されている典型的なものとして、「泡かガラスの檻かに閉じ込められ、それによって『現実の』世界から切り離されている」という訴えがある。

(4) J・L・ハーマン『心的外傷と回復 増補版』(中井久夫訳、みすず書房、一九九九年)、一五八頁。

(5) 同前。

(6) 川上未映子『わたくし率 イン 歯ー、または世界』(講談社文庫、二〇一〇年)、一五頁。

(7) 川上未映子『乳と卵』(文春文庫、二〇一〇年)、五二頁。

(8) 芦田みゆき『ミドリとハエの憂鬱』(七月堂、二〇〇二年)、二五頁。

(9) 芦田みゆき、前掲書、一九三頁。

(10) 芦田みゆき、前掲書、一九七頁。

(11) 芦田みゆき、前掲書、一九八頁。

第4章 ひとは「嘔吐」する

(1) F・ニーチェ『この人を見よ』(手塚富雄訳、岩波文庫、一九六九年)、三〇頁。
(2) W・メニングハウス『吐き気——ある強烈な感覚の理論と歴史』(竹峰義和・知野ゆり・由比俊行訳、法政大学出版局、二〇一〇年)、二〇九頁。この吐き気による教育は、カント以後、ニーチェにおいて再来する(同、三一八頁以下、参照)。
(3) メニングハウス、前掲書、二〇八頁。
(4) メニングハウス、前掲書、二一〇頁。
(5) I・カント『カント全集 15 人間学』(渋谷治美・高橋克也訳、岩波書店、二〇〇三年)、六三頁、参照。
(6) カント、前掲書、六八頁、参照。
(7) メニングハウス、前掲書、三二頁。
(8) カント、前掲書、六九頁、参照。
(9) 山本浩一・大和谷厚「ラット・マウスを用いた悪心・嘔吐の研究法」、『日本薬理学雑誌』一三二、二〇〇八年、八三-八八頁、参照。
(10) G・フロイト『フロイト全集 15』(高田珠樹・新宮一成・須藤訓任・道籏泰三訳、岩波書店、二〇一二年)、一五七頁以下、参照。
(11) J・M・マッソン編『フロイト フリースへの手紙——1887-1904』(河田晃訳、誠信書房、二〇〇一年)、一九四頁、参照。
(12) 角川書店編『竹取物語(全)』(角川ソフィア文庫、二〇〇一年)、参照。
(13) I・カント『カント全集 2』(久保光志訳、岩波書店、二〇〇〇年)、三五五頁以下、参照。
(14) 齋藤慎之介『重篤な身体合併症を呈した摂食障害患者の臨床的検討——精神科病棟での治療と管理について』(自治医科大学二〇一四年度博士論文(乙))、参照。
(15) メニングハウス、前掲書、四八頁以下、参照。
(16) メニングハウス、前掲書、六〇頁、参照。
(17) まさきまほこ『もう独りにしないで——解離を背景にもつ精神科医の摂食障害からの回復』(星和書店、二〇一三年)、四六頁。
(18) J・P・サルトル『サルトル全集 第六巻 嘔吐』(白井浩司訳、人文書院、一九五一年)、二一〇頁。
(19) サルトル、前掲書、一九八頁。
(20) サルトル、前掲書、二四六頁。
(21) I・カント『カント全集 8』(牧野英二訳、岩波書店、一九九九年)、二三三頁。
(22) 芦田みゆき『ミドリとハエの憂鬱』(七月堂、二〇〇二年)、一九一頁。

第5章　「倒錯」を友とするもの

(1)　J・ラカン『精神分析の倫理【上】』(ジャック＝アラン・ミレール編、小出浩之・鈴木國文・保科正章・菅原誠一訳、岩波書店、二〇〇二年)、一九頁以下、参照。

(2)　フロイトによる性的倒錯の定義は以下である。(1)種の制限(人間と動物の間の深遠)を取り払うこと、(2)吐き気という制限を超えること、(3)近親相姦という制限(血縁者に性的満足を求めてはならないという禁止)を踏み越えること、(4)同性愛という制限を超えること、(5)性器の役割を他の器官や身体部位に置き換えること、というように何らかの境界や制約を超えることとして定義づけられている。G・フロイト『フロイト全集 15』(高田珠樹・新宮一成・須藤訓任・道籏泰三訳、岩波書店、二〇一二年)、二五六頁、参照。

(3)　G・フロイト『フロイト全集 6』(渡邉俊之訳、岩波書店、二〇〇九年)、『性理論のための三篇』、二四五頁、参照。

(4)　G・フロイト『フロイト全集 12』(須藤訓任訳、岩波書店、二〇〇九年)、二三八頁、参照。

(5)　J・J・ルソー『告白(上)』(桑原武夫訳、岩波文庫、一九六五年)、参照。

(6)　H・ベルクソン『笑い』(林達夫訳、岩波文庫、一九七六年)、二六－二七頁、参照。

(7)　ベルクソン、前掲書、参照。

(8)　フロイト、前掲書、二三五頁。

(9)　G・フロイト「性格と肛門性愛」、『フロイト全集 9』(道籏泰三訳、岩波書店、二〇〇七年)、二〇四頁以下、参照。

(10)　M・ボス『性的倒錯――恋愛の精神病理学』(村上仁・吉田和夫訳、みすず書房、一九九八年)、七二頁。

第6章　わたしの大切な他者、「小人」

(1)　D・W・ウィニコット『遊ぶことと現実』(橋本雅雄訳、岩崎学術出版社、一九七九年)、七頁、参照。

(2)　ウィニコット、前掲書、三頁、参照。

(3)　ウィニコット、前掲書、一七頁、参照。

(4)　ウィニコット自身も、「移行対象は最終的にフェティシズム的対象へと発展し、成人の性生活の特徴として存続することもある」と述べている。ウィニコット、前掲書、一二頁、参照。

(5)　J・ラカン『精神分析の四基本概念』(J＝A・ミレール編、小出浩之・新宮一成・鈴木國文・小川豊

昭訳、岩波書店、二〇〇〇年）、三五七頁。

（6）僕は、この享楽の概念は、一方で、多彩な説明やその過剰さを生み出すためのとてもよい概念であるとは思うが、他方で、実践的活用の貧困さが生み出される概念でもあると考えている。

一般的に、（虚構的にであれ）説明力の高い概念は、臨床や行為といった実践の場面における活用の多様さにはつながらない。説明力が高まれば高まるほど、行為や変化の可能性からは逆に外れていく。したがってそうした概念は、一度理解が進むと、それで分かった気になる「思考停止概念」であると同時に、臨床や行為の戦略的な活用を狭める「行為制約概念」となる。

（7）S・ジジェク『斜めから見る』（鈴木晶訳、青土社、一九九五年）、三五頁。

（8）ラカン、前掲書、三二七頁。

（9）福原泰平『現代思想の冒険者たち 13 ラカン』（講談社、一九九八年）、一八三頁以下。

（10）R・ダン『わたしたちの体は寄生虫を欲している』（野中香方子訳、飛鳥新社、二〇一三年）、二一七頁以下、参照。

（11）T・グランディン、C・ジョンソン『動物感覚』（中尾ゆかり訳、NHK出版、二〇〇六年）、参照。

（12）B・フィンク『後期ラカン入門——ラカン的主体について』（村上靖彦監訳、小倉拓也・塩飽耕規・渋谷亮訳、人文書院、二〇一三年）、一三八頁。

第7章　死という「コトバ」に取り憑かれる

（1）B・J・キング『死を悼む動物たち』（秋山勝訳、草思社、二〇一四年）、参照。

（2）R・エルツ『右手の優越——宗教的両極性の研究』（吉田禎吾・板橋作美・内藤莞爾訳、ちくま学芸文庫、二〇〇一年）、三九-四〇頁。

（3）M・フーコー『性の歴史II 快楽の活用』（田村俶訳、新潮社、一九八六年）、三三頁。

（4）坂口安吾『教祖の文学・不良少年とキリスト』（講談社文芸文庫、一九九六年）、参照。太宰治とは真逆の坂口安吾を、少年として捉える優れた論考として下記を参照。河本英夫『〈わたし〉の哲学——オートポイエーシス入門』（角川選書、二〇一四年）、第三章。

第8章　標的に飢える「敵意」

（1）J・J・ルソー『告白（上）』（桑原武夫訳、岩波文庫、一九六五年）、一一七-一一八頁、参照。

（2）稲垣諭『リハビリテーションの哲学あるいは哲学

のリハビリテーション』（春風社、二〇一二年）、二九二頁以下、参照。

（3） サイコパスについては下記を参照。R・D・ヘア『診断名サイコパス』（小林宏明訳、ハヤカワ文庫、二〇〇〇年）。J・ブレア、D・ミッチェル、K・ブレア『サイコパス――冷淡な脳』（福井裕輝訳、星和書店、二〇〇九年）。

（4） ブレア、ミッチェル、ブレア、前掲書、一八頁。

（5） 芥川龍之介『芥川龍之介全集 7』（ちくま文庫、一九八九年）、一八一頁。

（6） 芥川龍之介『芥川龍之介全集 6』（ちくま文庫、一九八七年）、四〇七頁以下。

終　章「経験の事故」のなかで、「自己」は新生する

（1） 綾屋紗月・熊谷晋一郎『つながりの作法――同じでもなく 違うでもなく』（NHK出版、二〇一〇年）。熊谷はそうしたことを当事者の視点から「依存先の分散」と呼んでいる。

（2） モイセズ・ベラスケス＝マノフ『寄生虫なき病』（赤根洋子訳、文藝春秋、二〇一四年）、参照。

あとがき

もともと人づきあいが好きではない。集団行動は、極力避けながら、迷惑をあまりかけない範囲で生きようとしている。

ソーシャルスキルを高めることが至上命題であるような現在の社会を間違いなく気持ちが悪いと思っている。誰かと、何かと緩やかに広くつながることが、途方もなく苦痛に感じられる時がある。何よりも個になること、ひとりになることの時間と空間を愛おしいものとして生きてきた。

しかしそう呑気に言っていられないほど世界が急速につながり始め、情報は錯綜したまま駆け巡り、予測できない決断が次々と行なわれていく。このあとがきの執筆中には、うねりとなった群衆の叫びを制止して、安保法案が可決されるという歴史的決定が行なわれた。

こんな世の中では、個であるためにも、ひとりになるためにも、予断を許さない世界に対峙しながら、自分の居場所を確保していかねばならない。とりわけ今の若い人たちは、刻々と変わりゆく日本の現実を受け止め、そのなかで未来に向けた選択に直面することを余儀なくされている。

覚えておいて欲しい。何かを選択するということは、それを通じて個になることでもある。これまでの無数の選択が「あなた」という個を形成している。だから、自分の選択に敏感になることはとても大切である。周囲に流されたり誘導されたりすることは選択とは言えないが、他人や周囲の影響をまったく受けていない選択もない。この揺れ動く度合いのなかで、自らの行為として、どこまで自分が引き受けられるか。それによって選択の意味合いも、個を形成する力も変化する。

僕は都会の駅や出張で訪れた各地でWi‐Fi接続も携帯も切り、あえて無名の雑踏に溶け込む。一切の連絡手段から断ち切られ、自分を知る者がいないところで初めて自覚される個がある。「自覚された個」となって、改めて世界に、社会に接続されてみると、風景がどこか別様に見え、選択の幅にわずかな変化が出てくる。

社会から、他人から切断されて生きるには、逆説的だがそれらに接続されていなければならない。切断する時にしか見えない接続のかたちがある。つながることで切断され、切断されることでつながりが再編される。

本書で取り上げたアーティストの荒川修作が「クリービング（切り閉じ）」と呼んだのは、まったく異なるもの同士が、呼吸と大気の関係のように、切っても切り離せないつながりを形成しながら、不断に切断され、更新される行為の総称である。

初めての土地で吸い込む新鮮な大気が、染み付いた思考を混乱させ、体を構成する細胞の一つひとつに太古の記憶を呼び起こすような瞬間がある。その呼吸は、遠く離れた場所と場所とを、現在と遥かなる過去とを切断し、接続する。僕たちのどんな小さな選択にも、実はそんな煌めきが宿っている。

＊

本書で挙げられているのは、誰かに、何かにうまくつながれない学生たちの声である。彼らや彼女らの緊迫した切断という選択は、次につながらない行為であることがほとんどである。

そもそも彼らの多くは「個による選択」のはるか手前にいたりもする。

その場合は、その途切れ途切れのかぼそい叫びを、そっと拾い上げていかなければならない。凍えるような夜を過ごしていても、きみは何かに、どこかにつながっているのだということを、彼らが生きるリアリティのなかで実感させることから始めなければならない。少し大げさに言えば、自傷行為をしていたから、拒食嘔吐をしていたから、離人の経験に翻弄されていたから、哲学の講義で僕と出会っているんだとしっかり伝えるのだ。

そうはいっても、僕にできるのは自由律俳句の名手、尾崎放哉が詠んだ歌の通り、「いれものがない両手でうける」こと、どまりである。

残酷かもしれないが、そこからこぼれていくものをいれる入れ物は、本人が自分で探し出すか、作り出していかねばならず、そのことに自分で気づいていく必要がある。その入れ物こそが、しぶとい魂となり、個による選択が生まれる母体となるからだ。

本書は、研究書を作るやり方では書かれていない。というのも、本書の元となっているのはすべて、これまで出会った学生たちの経験だからである。それは、入れ物がない僕の両手で受けとめた学生たちの奮闘である。ゲラを推敲している時にも、いつも彼ら、彼女ら一人ひとりの顔が浮かんでいた。そうした出会いがあってこそその本書であり、学生たちには感謝を伝えても伝えきれない。

また、表紙にはイラストレーターとして活躍する宮島亜希さんの作品を使わせていただいた。繊細なドローイングながら、ワンポイントの色遣いとモノトーンの間から浮かび上がる眼差しの強さに幾度も惹きつけられてしまう。本書にぴったりの素敵な絵である。記して感謝したい。

帯には、精神科医の香山リカ先生から、本書をまるごと掬《すく》い取ってくれる素敵なコトバをいただいた。ご多忙のなかでのご厚意に深謝したい。

最後に、学芸みらい社の小島直人さんとは、私が大学院生のころからの付き合いである。同氏に何度も背中を押され、励まされて、本書は出版に至った。衷心より感謝している。

稲垣　諭

二〇一五年初秋

[著者紹介]

稲垣 諭（いながき・さとし）

1974年、北海道生まれ。

青山学院大学法学部卒業。東洋大学大学院文学研究科哲学専攻博士後期課程修了。文学博士。専門は現象学・環境哲学・リハビリテーションの科学哲学。

東洋大学文学部助教、自治医科大学教授を経て、現在、東洋大学文学部哲学科教授。

著書に『壊れながら立ち上がり続ける――個の変容の哲学』（青土社）、『衝動の現象学――フッサール現象学における衝動および感情の位置づけ』（知泉書館）、『リハビリテーションの哲学あるいは哲学のリハビリテーション』（春風社）が、共編著に『エコロジーをデザインする――エコ・フィロソフィの挑戦』（春秋社）、『エコ・フィロソフィ入門――サステイナブルな知と行為の創出』（ノンブル社）が、共訳書にE. フッサール『間主観性の現象学――その方法』（ちくま学芸文庫）、荒川修作＋マドリン・ギンズ『死ぬのは法律違反です――死に抗する建築21世紀への源流』（春秋社）などがある。

GAKUGEI MIRAISHA

大丈夫、死ぬには及ばない　今、大学生に何が起きているのか

2015年10月23日　初版発行
2017年4月1日　第2版発行
2018年10月15日　第3版発行

著　者　稲垣 諭
発行者　小島直人
発行所　株式会社 学芸みらい社
〒162-0833 東京都新宿区箪笥町31番 箪笥町SKビル3F
電話番号：03-5227-1266
HP　：http://www.gakugeimirai.jp/
E-mail　：info@gakugeimirai.jp
組版・印刷・製本　藤原印刷株式会社
装幀・章扉デザイン　芦澤泰偉

ISBN978-4-905374-89-3 C0012